John Peter
Sloan

INSTANT BUSINESS ENGLISH

herausgegeben von Sara Pedroni und John Rigg

PONS
INSTANT BUSINESS ENGLISH

von John Peter Sloan
Übersetzung aus dem Italienischen von Beate Stern

Auflage A1 5 4 3 2 1 / 2018 2017 2016 2015

Original title: English al lavoro

www.pons.de
E-Mail: info@pons.de

Redaktion: Francesca Giamboni
Korrektorat: Anika Braunshausen
Illustrationen: Sara Pedroni
Titelfotos: John Peter Sloan: Studio-Fotografico Mafalda;
Chrysler Building: Thomas Northcut / Thinkstock; Sir Norman Foster
Building: Michael Blann; Freiheitsstatue, Big Ben, Canary Wharf: Thinkstock.
Einbandgestaltung: Anne Helbich
Design und Layout: Sara Pedroni
Satz: Digraf.pl - dtp services
Druck und Bindung: Appel und Klinger, Druck und Medien GmbH, Schneckenlohe

ISBN: 978-3-12-562764-2

INSTANT BUSINESS ENGLISH

Dieses Buch ist den Jungs von "UNKODE" gewidmet – ihrem Engagement und ihrem Wunsch, wieder in der Legalität zu arbeiten und zu leben.

Mein besonderer Dank gilt den zwei Engeln von "Angel service", Rosy und Stefania.

www.unkode.it

This book is also for my mother.

(tut mir leid, Jungs – wenn ich das jetzt nicht schreibe, nimmt sie es mir ernsthaft übel)

Zeichenerklärung

In diesem Buch begegnest du einigen Symbolen.

Hin und wieder wirst du auf dieses Zeichen stoßen. Das sind kleine grammatikalische Hinweise auf die häufigsten Fehler, die ihr Deutschen macht, wenn ihr Englisch redet. Wenn du meine Ratschläge befolgst, wirst du Englisch sprechen wie ein echter Engländer.

Der kleine Flieger WORKING ABROAD weist auf Themen hin, die besonders interessant sind, wenn du beabsichtigst, ins Ausland zu gehen, um dort zu arbeiten.

Noch ein Hinweis zu den **GLOSSARIES**, die du am Ende der meisten Kapitel findest: Bitte beachte, dass hier die Wörter in der Reihenfolge ihres Auftretens im Kapitel und nicht alphabetisch aufgelistet sind.

And now let's go!

Contents

Contents

Contents

Contents

Contents

VORWORT

Introduction

**Ignorance isn't stupidity. Ignorance is not knowing.
Ignoring ignorance is stupidity.**

Du möchtest für ein international tätiges Unternehmen arbeiten oder tust es bereits? Dann hast du keine Chance ohne Englisch, denn Englisch ist nach wie vor die bedeutendste Weltsprache. Aber warum fällt es vielen immer noch so schwer, im Englischen die richtigen Worte zu finden?

In Deutschland wird Englisch zwar quer durch alle Schularten unterrichtet, aber welcher Jugendliche hört hier englische Radioprogramme oder schaut sich Filme in Originalsprache an?

Holländer sprechen in der Regel sehr gut Englisch, und das liegt daran, dass dort die Kinder bereits von der Wiege an englische Fernsehprogramme zu sehen bekommen – so einfach ist das! Mein nächstes Projekt wird mein wichtigstes überhaupt sein: Kindern Englisch beizubringen. Denn wenn sie es von klein auf lernen, dann wird dieses Buch überflüssig, wenn sie erst so alt sind wie du.

Du aber brauchst dieses Buch, wenn du bei der Arbeit Englisch reden möchtest (oder musst...).
Vielleicht bist du ja Manager und musst presentations, conference calls, meetings, etc. abhalten, oder du möchtest eine englische E-Mail verschicken oder auf Englisch telefonieren. Vielleicht bist du auch nur auf der Suche nach einer neuen Erfahrung in einem anderen Umfeld oder möchtest ein Praktikum in England absolvieren. Wenn du also ins Ausland gehst, sei es um dort Teller zu waschen oder Geschäfte mit Engländern oder Amerikanern zu machen, kannst du auf dieses Buch zurückgreifen.

Dieses Buch ist ein Survival-Handbuch. Du findest darin alles, was meiner Ansicht nach überlebensnotwendig ist. Wie immer habe ich mir dazu eine Geschichte ausgedacht. Warum? Weil es so unterhaltsamer ist und nicht zur schweren Lektüre wird – und dir außerdem im Gedächtnis bleibt, my friend.

Ladies and gentlemen... INSTANT BUSINESS ENGLISH.

ENDLICH ZU ZWEIT!

ANDREAS' ERSTE LIEBE

WENIGSTENS **ICH** BIN SCHÖNER GEWORDEN!

WO HAST DU DAS BIER VERSTECKT?

MUTTERTAG
MEINE ERSTE NACHT DRAUSSEN.
DU MEINST WOHL... DEINE ERSTE NACHT DRINNEN!
ABER ICH WAR'S DOCH GAR NICHT!
DIE DINGE WENDEN SICH ZUM BESSEREN.
WENIGSTENS DIESES MAL HAT ER RECHT.

CHAPTER

1

Introducing yourself

Introductions

CHAPTER ONE

Introducing yourself

Familie Wolf ist in der Küche versammelt.

Mark, der ältere der beiden Söhne, steht da und lässt das Telefon auf dem Tisch nicht aus den Augen. Seine Mutter schaut gedankenverloren aus dem Fenster.

Gelangweilt von der Stille, beschließt Andreas, Marks Bruder, den Fernseher einzuschalten.

“Mach ihn sofort wieder aus!”, ruft seine Mutter. “Wir hören sonst womöglich nicht, wenn das Telefon klingelt!”

“Warum - denkst du, sie rufen ihn an?! Das glaubst du doch nicht im Ernst…”, sagt Andreas.
“So verzweifelt werden sie ja wohl nicht…”
DRRRRRRRIIIIIIIIIING

Das Telefon klingelt.

Mark blickt zu seiner Mutter, aber die schaut weiter aus dem Fenster und rührt sich nicht.

“Hello? Mark Wolf speaking…”
Hallo? Mark Wolf am Apparat..

”Hallo Schatz! Was machst du gerade?” Es ist Leonie, Marks Freundin.
“Ich kann jetzt nicht…”, anwortet er ungehalten. “Ich rufe dich später zurück” und legt wieder auf.
“War das der aus London?!” lächelt Andreas.
DRRRRRRRIIIIIIIIIING

“Hello? Mark Wolf speaking…”

“Good evening, Mark. This is Jason Brooks, Human Resources Manager at Rispa International. We met in Düsseldorf last month, remember?”
Guten Abend, Mark. Hier spricht Jason Brooks, der Leiter der Personalabteilung bei Rispa International. Wir haben uns letzten Monat in Düsseldorf getroffen, erinnern Sie sich?

“Yes of course! Good to hear from you again, Mr. Brooks.”
Ja, selbstverständlich! Es freut mich, wieder von Ihnen zu hören, Herr Brooks.

“Well, Mark. We’d like to confirm your appointment. You are now Rispa’s new International Sales Manager!... Hello?... Mark?!”
Gut, Mark. Wir möchten Ihre Einstellung bestätigen. Sie sind jetzt der neue Internationale Vertriebsleiter bei Rispa!... Hallo?... Mark?!

“Yes sir, I’m still here, sorry.”
Ja, entschuldigen Sie, ich bin immer noch da.

“Oh good, I thought we’d lost the line... So, when can you come to London?”
Oh gut, ich dachte, die Verbindung sei unterbrochen worden... Also, wann können Sie nach London kommen?

“Just a moment...”
Einen Augenblick... , sagt Mark und deckt sofort mit seiner Hand den Telefonhörer ab.

“Sie haben mich genommen!”
Andreas grinst dieses Mal noch breiter. Die Mutter der beiden starrt weiter aus dem Fenster, ohne sich umzudrehen.

Merke dir:
Englisch ist eine Sprache
Eine Sprache dient der Kommunikation
Klarheit erleichtert die Kommunikation

Simple!

SICH VORSTELLEN

Introductions

"Hi, this is John!"
Hallo, hier spricht John!
Ich sage "This is John", das heißt, ich spreche in der dritten Person, weil ich dich nicht sehe.

Ein Telefongespräch, das heute stattgefunden hat:

> **"Hello, this is John speaking. Who is that?"**
> **"This is Resi, your girlfriend."**
> (an diesem Punkt habe ich mir die Nase zugehalten, um meine Stimme zu verstellen)
> **"Sorry, John is not in at the moment... this is John err... Smith!"**
> Dann habe ich mir weiter das Fußballspiel angeschaut...

Wenn ich mich dagegen persönlich vorstelle, sage ich:
"Hi, I'm John."

Hast du bemerkt, dass ich nicht sage **"My name is John"**? Ich bin ja schließlich kein 5-jähriger.

Es gibt viele Situationen, in denen man sich vorstellen muss: an der Rezeption eines Hotels oder eines Unternehmens, um ein Telefongespräch oder eine E-Mail zu beginnen, oder wenn man einer Person zum ersten Mal begegnet. Zum Glück verwendet man bei all diesen Gelegenheiten immer dieselbe Floskel – und die ist ganz einfach.

Bevor du dich jemandem vorstellst, entscheidest du, welche Informationen wichtig und wesentlich sind - und was du dieser Person mitteilen möchtest. Muss sie deinen Namen, dein Alter oder deinen Beruf wissen, braucht sie eine Personenbeschreibung von dir, oder sind Informationen über deine Berufserfahrung oder deine Staatsangehörigkeit nötig? Welches Ziel verfolgst du? Merke dir: Drücke dich immer einfach, kurz und bündig aus.

In unserer Geschichte gibt es ein gutes Beispiel für eine einfache, kurze und bündige Vorstellung:
"This is Jason Brooks, HRM at Rispa International."

Hier einige weitere Beispiele dafür, wie man sich im beruflichen Umfeld vorstellen kann:
"Hello. I'm Sam Cook from Saxo Corporation"
oder **"Good morning. I'm Mary Ross, European Sales Manager at SonyInternational"**.

Schauen wir mal, wie Mark sich in verschiedenen Situationen vorstellt:
Bei der Zollkontrolle am Flughafen:
"Hello. I'm Mark Wolf from Germany. I'm here on business."
An einer Hotelrezeption:
"Hello. I'm Mark Wolf from Rispa International. I have booked a room..."

Reservieren:	**to book** - UK	**to reserve** - USA
Reservierung:	**booking** - UK	**reservation** - USA

In den Geschäftsräumen von Rispa International in London:
"Hello. I'm Mark Wolf. I'm the new International Sales Manager from Germany. I have an appointment with..."

Die Deutschen beschreiben ihre berufliche Tätigkeit traditionell mit Begriffen wie Facharbeiter, Angestellter oder Sachbearbeiter. Die Gepflogenheit, jede Stelle mit einem Titel zu versehen, setzt sich allerdings in den letzten Jahren auch bei uns vermehrt durch. In der angelsächsischen Welt ist das gang und gäbe; lerne also die exakte Bezeichnung der Arbeit, der du gerne nachgehen möchtest. Im TOOLKIT am Ende dieses Buches findest du eine Liste, die dir dabei sicher sehr nützlich sein wird!

EXERCISE

Bitte schreibe auf, wie sich diese Personen vorstellen; du erinnerst dich an die Regel, wann du **"This is..."** und wann du **"I am..."** brauchst, oder?

On the telephone:

1. James Martin / Marketing Manager

....

2. Jane Smyth / CEO / Cosmo Cars Inc.

....

At a reception:

3. Daniel O'Brien / Photographer / Ireland

....

4. Alice Cook / Journalist / New York Times

....

5. Denise Chapman / Marketing Manager / General Insurance Services

....

Jetzt bist du an der Reihe! Stelle dich bitte einfach, kurz und bündig vor.

A. On the phone:

....

B. At a reception:

....

CHAPTER

2

What a party!

CHAPTER TWO

What a party!

Mark war noch nie so aufgeregt. Er schaut sich um und sieht, wie seine Freunde plaudern, trinken und tanzen.

Er betrachtet das große Spruchband an der Wand: "Mark, grüß uns England, dein neues Zuhause! Mach's gut!"

Endlich zahlen sich die Bemühungen aus, die er bei der Arbeit unternommen hat. Bei Rispa International hatte er wirklich bei Null angefangen. Anfangs bestand seine einzige Aufgabe darin, Kaffee für alle zu kochen... Jetzt ist er der neue Vertriebsleiter fürs Ausland, und der Hauptsitz des Unternehmens befindet sich in England.

Er ist im Begriff, in London ein neues Leben zu beginnen, und er weiß, dass er das auch verdient hat.

Er lacht, als er seinen jüngeren Bruder Andreas sieht, der - betrunken wie er ist - auf dem Tisch einen Striptease hinlegt.

Andreas arbeitet nicht; er ist schon lange ohne Arbeit. Mark lächelt, während er ihn betrachtet. "Andreas ist ein Freigeist", denkt er. "Andreas amüsiert sich. Er ist glücklich. Ich habe ihn gern."

Und Leonie? Sie sind jetzt seit ein paar Monaten zusammen, und es läuft wirklich gut, aber jetzt muss er fort von hier. Seine Gefühle überwältigen ihn. Er geht auf den Balkon, um einen Augenblick allein zu sein.

Er hebt den Blick zum Himmel, an dem bereits der Mond scheint und denkt: "Mond, ich beneide dich! Du bist immer dort oben, aber du bist überall; du kannst alles und alle sehen. Look after Leonie for me."

In diesem Augenblick hört er hinter sich eine liebliche und freundliche Stimme.
"Mark?"
Es ist Leonie.
"Ich möchte dich etwas fragen..., es gibt etwas, das ich wissen muss..."

"Warte!", sagt Mark. "Ich weiß, was du mich fragen willst, und ich antworte dir jetzt."
Er atmet tief durch.
"Es tut mir leid, Leonie, aber ich musste diesen Job annehmen und um ehrlich zu sein, glaube ich nicht, dass unsere Beziehung eine Zukunft hat. Du würdest mir zu sehr fehlen. Tut mir leid."

Leonie schaut ihn an.

"Eigentlich wollte ich nur wissen, wo der Korkenzieher ist... aber jetzt will ich nur noch sterben."
Schluchzt sie und verschwindet.

Mark wendet sich wieder dem Mond zu. Und erneut erklingt eine Stimme.
"Mark?" – dieses Mal ist es seine Mutter Silvia.
"Ich weiß nicht, wo der Korkenzieher ist!", schreit er.
Seine Mutter sieht ihn sehr ernst an.
"Mark, ich bin sehr glücklich, dass du Karriere machst, aber denk auch an unsere Familie."
"Was willst du mir damit sagen, Mama?" fragt Mark.
"Dein Bruder Andreas macht sich hier zur Zeit einen faulen Lenz. Ich hätte gerne, dass du ihn mit nach England nimmst. Ich möchte, dass du ihm hilfst, in London eine Stelle zu finden."

Mark kann es nicht fassen. "Aber Andreas ist ein Nichtsnutz, ein Faulpelz, ein Ignorant... und ein Trottel, Mama!!!"
Seine Mutter bleibt ungerührt.
"Du wirst ihn mitnehmen."

Mark schaut zum Himmel, atmet tief durch und schreit wütend den Mond an.
"NEEEEEEIIIIIIN!!!"

Wenig später zitiert Marks Mutter Andreas in die Küche. Sie hat ihm etwas mitzuteilen. Er wird nach London gehen und sich dort eine Stelle suchen.

"Es wäre ja auch zu schön gewesen, um wahr zu sein..." denkt Mark.

Plötzlich hört er einen Schrei aus der Küche.
Es ist Andreas.
"NEEEEEEIIIIIIN!!!"

CHAPTER

3

CV and covering letter

Writing a CV
Do & Don't
The covering letter
Finding a job online
Sending your CV

CHAPTER THREE

CV and covering letter

“Zeig mir deinen Lebenslauf, Andreas.”
Andreas schaut Mark an, als ob dieser verrückt sei. “Lebenslauf? Glaubst du, ich habe einen Lebenslauf?”
Mark bemüht sich, ruhig zu bleiben. “Ich zeige dir meinen.”
Er schaltet den Computer ein.

CURRICULUM VITAE

Mark Wolf
Königstr. 27 - 22767 Hamburg - Germany
Tel. +49 40 222222
Mobile +49 322 222222

Nationality	German
Marital Status	Single
Sex	Male
Date of Birth	20/09/1984
E-mail	mark.wolf@rispa.de
Personal Profile	A strong team player with good presentation skills. Good organisational skills developed through work experience. I **get on well** with people at all levels, easily creating good working relationships.

Work Experience 2003 to present
Rispa AG, Norderstedt
Area Sales Manager: Northern Germany
developed new sales team
created after-sales network
increased sales by 15% in first year
Previously held various positions at Rispa AG including Sales Representative for Hamburg and Schleswig-Holstein, Sales Office Clerk and Warehouse Management Positions.

Skills Experience in **handling** all kinds of situations. Recognition and promotion of my team and its skills. A good decision maker: before making any decisions, I consider all the alternatives and form a clear idea of the consequences of decisions. Ability to convince the customer that our interests are also their interests.

Education 1998 - 2003
Technische Universität Hamburg,
specializing in mechanical engineering
(Final grade: 1.7)

Languages German (native speaker)
English (writing: good - speaking: fluent)

Interests Team sports and highly competitive sports, such as rugby and squash.

References: available on request.

I hereby give permission to use my personal data in accordance with the law.

LEBENSLAUF

Mark Wolf
Königstr. 27 – 22767 Hamburg – Germany
Tel. + 49 40 222222
Mobile + 49 322 222222

Staatsangehörigkeit	deutsch
Familienstand	Ledig
Geschlecht	Männlich
Geburtsdatum	20/09/1984
E-mail	mark.wolf@rispa.de
Persönliches Profil	Ich bin ein starker Teamplayer mit guten Präsentationskompetenzen. Ich verfüge über ein großes Organisationstalent, das ich mir durch meine Berufserfahrung angeeignet habe. Ich komme gut aus mit Menschen jeden Ranges, und es fällt mir leicht, gute Beziehungen am Arbeitsplatz herzustellen.
Berufserfahrung	2003 bis heute Rispa AG, Norderstedt Area Sales Manager für Norddeutschland Aufbau eines neuen Vertriebsteams Schaffung eines Kundendienstnetzes Umsatzsteigerung in Höhe von 15 % im ersten Jahr Zuvor hatte ich verschiedene Positionen bei der Rispa AG inne, darunter die des Handelsvertreters für Hamburg und Schleswig-Holstein, eines Vertriebssachbearbeiters und im Lagermanagement.
Fähigkeiten und Kompetenzen	Erfahrung im Umgang mit Situationen jeglicher Art. Anerkennung und Förderung meines Teams und dessen Fähigkeiten. Ich bin ein guter Entscheidungsträger: Bevor ich Entscheidungen treffe, wäge ich alle Alternativen ab und mache mir ein klares Bild über die Folgen. Ich besitze die Fähigkeit, einen Kunden davon zu überzeugen, dass unsere Interessen auch seine Interessen sind.

Aus- und Weiterbildung	1998 - 2003 Technische Universität Hamburg, Fachrichtung Maschinenbau (Abschlussnote: 1,7)
Sprachkenntnisse	Deutsch (Muttersprache) Englisch (schriftlich: gut - mündlich: fließend)
Hobbys	Teamsportarten und Hochleistungssportarten wie Rugby und Squash.
	Referenzen: Auf Nachfrage verfügbar.

Ich bin mit der Verwendung meiner persönlichen Daten gemäß den gesetzlichen Bestimmungen einverstanden.

"Siehst du? Die Länge ist überschaubar - perfekt! Der Lebenslauf darf nicht zu lang sein, sonst haben die Leute keine Zeit oder Lust ihn zu lesen. Damit wir deinen Lebenslauf schreiben können, stelle ich dir jetzt eine Reihe von Fragen auf Englisch, okay?"
Andreas war noch nie weniger enthusiastisch: "Okay..."
"What's your name?"
"Andreas."
"What's your surname?"
"Wolf."
"Ok, next... what's your address?"
Andreas antwortet: "Wie? Weißt du nicht, wo ich wohne?"
"Okay, ich schreibe sie auf", sagt Mark. "What's your nationality?"
"German", sagt Andreas stolz.
"Are you married?"
"Sag mal, spinnst du?"
"Okay, okay... single." Mark schreibt und stellt währenddessen weitere Fragen "Sex?"
"Ja, selbstverständlich!"

"Male" seufzt Mark.
"Warum schreibst du MAIL? Sex: MAIL?! Was hat denn meine E-MAIL damit zu tun?"
Mark versucht, Ruhe zu bewahren.
"MALE schreibt man m-a-l-e, und es bedeutet 'männlich'!" Mark erspart sich weitere Fragen und trägt schweigend das Geburtsdatum und die E-Mail-Adresse ein. Dann blickt er zu Andreas und wartet, dass dieser ihm seine Aufmerksamkeit schenkt.
"Now, Personal Profile: Das ist wichtig. Hier musst du dich gut verkaufen können: Es hängt natürlich auch von der Stelle ab, für die du dich bewirbst. In deinem Personal Profile musst du deutlich machen, warum gerade du die geeignete Person für diese Stelle bist. Es ist allerdings besser, wenn du dich beim Lebenslauf immer an die Wahrheit hältst. Wenn dein Chef herausfindet, dass du gelogen hast, bekommst du unter Umständen Schwierigkeiten. So... what do you want to do?"
"Ganz einfach", sagt Andreas "ich möchte Top-Models zu ihren Oben-ohne-Fotoshootings am Strand chauffieren."
"Rede keinen Unsinn", antwortet Mark.
"Nein, du hast Recht, ich kann in England nicht Auto fahren... Sie fahren ja auf der falschen Straßenseite!... Nein, nein, vergiss es. Ich begleite sie im Bus."
Mark seufzt erneut und fragt: "Welchen Job kannst du realistischerweise ausüben?"
Andreas erwidert lächelnd "Well, I have no qualifications, but I am good with people... I want to work with people."
Na ja, ich bin nicht qualifiziert, aber ich kann mit Menschen umgehen... Ich möchte mit Menschen arbeiten.

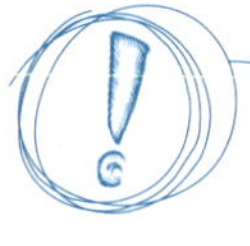

SO HEISST ES RICHTIG

Nach 'want' und anderen Verben, die einen Wunsch oder eine Absicht ausdrücken, folgt der Infinitiv. Dieser wird im Englischen mit 'to' angeschlossen.

Mark bricht in Gelächter aus: "Work with people? Hmmm... so, barman or waiter?"
"Yeah, barman or waiter for supermodels!", bestätigt Andreas.

"Forget about the supermodels!", brummt Mark. "Let's write your Personal Profile... How would you describe yourself?"
"Okay, Andreas ist wirklich auf Zack."
"Dann schreiben wir... Andreas is on the ball."
"Auf dem Ball?!"
"Ja, das bedeutet 'auf Zack sein'... Also, im Ernst – ich kann schreiben: 'Hard working, dynamic person with exceptional communication skills'. Weiter?"
"Er leistet gute Arbeit und bringt alle zum Lachen!", sagt Andreas.
"Vielleicht schreiben wir besser: 'Gets on well with people both socially and at work'", erwidert Mark.
"Gets on with?", fragt Andreas.
"Ja, 'to get on with' bedeutet 'auskommen mit'", erklärt Mark.

Personal Profile
Hard working, dynamic person with exceptional communication skills. Gets on well with people both socially and at work. Always ready to learn and take on new responsibilities.

Persönliches Profil
Fleißige, dynamische Person mit außergewöhnlichen Kommunikationsfähigkeiten. Kann gut mit Menschen umgehen, sowohl im Gesellschafts- als auch im Berufsleben. Stets bereit zu lernen und neue Aufgaben zu übernehmen.

"Now... Education. Hier schreibst du, welche Schule du besucht hast, beziehungsweise über welches Bildungsniveau du verfügst."
"Also... ich bin sitzen geblieben... welchem Bildungsniveau entspricht das?"
"... und wie sieht's aus mit Berufserfahrung? What jobs have you done?"
"Nichts..."
"Wir können nicht 'nichts' schreiben... Hast du irgendwann etwas gearbeitet?"
"Ich habe Papa geholfen, das Auto zu reparieren", antwortet Andreas.
"Hmmm... das ist für einen Barkeeper nicht wichtig. Hast du nie in einer Kneipe oder in einem Restaurant gearbeitet?"

"Ich habe bei meiner Ex-Freundin... Julia gearbeitet. Ich habe ihr beim Putzen geholfen und in ihrem Lokal manchmal Sandwiches belegt."
"Great! That's catering assistant."
"Aber hast du nicht gesagt, dass man im Lebenslauf nicht lügen darf?"
"I'm not lying, I'm sexing up your CV."
"You're sexing...?"
"'To sex up' ist etwas Anderes als lügen. Das bedeutet, dass du Informationen auf kreative, attraktive Weise präsentierst", erklärt Mark.
Mark ist glücklich, endlich kommen sie auf den Punkt. "And why did you leave?", Mark bereut sofort, diese Frage gestellt zu haben.
"Hä?! Oh... sie hat mich zusammen mit Anna-Lena Graf im Hinterzimmer erwischt."
"Und dann hast du deinen Job verloren?", fragt Mark.
"Ja... und außerdem zwei Zähne."
"Okay, wir sind so gut wie fertig. What about your hobbies?", fragt Mark und schaut Andreas an.
"Was meinst du damit?!"
"What do you like doing in your **ample** free time?"
"Muss ich das unbedingt in meinen Lebenslauf schreiben?"
"... also gut, sonst noch etwas?"
"Mir fällt nichts mehr ein."
"Also, dann schreibe ich, dass du gerne liest."
"Warte! Schwimmen! Ich schwimme gerne!", ruft Andreas aus.
"Schwimmen? Das bringt nichts... Ein Barkeeper muss nicht schwimmen können. Ich schreibe, dass du Literatur magst... das weist wenigstens auf den Einsatz des Gehirns hin!"

EINEN LEBENSLAUF SCHREIBEN

Writing a CV

Willst du dich mit deinem Lebenslauf im Vereinigten Königreich bewerben, dann schreibst du als Überschrift '**Curriculum Vitae'**. Wenn dein Lebenslauf in die Vereinigten Staaten gehen soll, musst du wissen, dass er bei den Amerikanern '**Résumé'** heißt... (das kommt aus dem Französischen... na ja). Denk daran, dass der Lebenslauf deine Visitenkarte ist. Du solltest deine Qualitäten betonen und zeigen, dass genau du die geeignete Person für diese Stelle bist. Ein Personalchef wird niemals seine Zeit mit dem Versuch vergeuden, einen schlecht abgefassten Lebenslauf zu interpretieren: Er wird diesen ignorieren und fertig. Mach es ihm leicht! Stelle die Erfahrung, Qualifikationen und Fähigkeiten heraus, die dich zum idealen Kandidaten für diese Stelle machen.

Schauen wir, was du tun und was du lassen solltest, wenn du deinen Lebenslauf schreibst.

WAS DU TUN, UND WAS DU LASSEN SOLLTEST

Do & Don't

DO

BE CAREFUL - Vergewissere dich, dass deine Daten alle korrekt sind. Du möchtest doch sicher nicht die falsche Anschrift oder Telefonnummer schreiben?

BE PERTINENT - Hebe die Fähigkeiten hervor, die für die Stelle, auf die du dich bewirbst, wichtig sind.

BE CLEVER - Wenn du keine entsprechende Berufserfahrung vorweisen kannst, betone die Qualifikation deiner Ausbildung (oder umgekehrt). Platziere die wichtigste Kategorie (Ausbildung bzw. Berufserfahrung) direkt unter das Personal Profile.

BE PRECISE – Überprüfe die Rechtschreibung! Sonst wandert deine Bewerbung direkt in den Papierkorb. Achte auch auf Tippfehler, die durch die Textverarbeitungs-Software nicht automatisch als Fehler angezeigt werden.

BE HONEST – Es ist besser, wenn du immer die Wahrheit sagst; so vermeidest du, dass peinliche Enthüllungen deiner zukünftigen Karriere im Weg stehen! Vorausgesetzt, die Lügen kommen nicht schon ans Tageslicht, bevor du eingestellt wirst. In diesem Fall kommt es nicht einmal zu einem Vorstellungsgespräch. Viele übertreiben bei der Darstellung ihrer persönlichen Fähigkeiten im Lebenslauf, aber ein bescheidener und realistischer Lebenslauf könnte in den Augen des Arbeitgebers attraktiver sein. Ich habe in meinen Lebenslauf sogar noch den Punkt 'Where I could improve' eingefügt. Unter dieser Rubrik führe ich ein persönliches Defizit (unter den Tausenden, die ich habe) auf, an dessen Ausgleich ich arbeiten könnte.

REMEMBER – Die Engländer mögen es gerne kurz und bündig – beschränke deinen Lebenslauf deshalb auf maximal zwei Seiten. Ist er länger, dann besteht die Gefahr, dass der Personalleiter ihn gar nicht erst liest!

DON'T

DON'T BE BORING - Vermeide es, deine berufliche Aus- und Weiterbildung bis ins letzte Detail aufzulisten; dein Lebenslauf wird unter Umständen unendlich lang, und kein Mensch hat Lust, ihn ganz zu lesen. Du läufst also Gefahr, dass die wirklich wichtigen Informationen ungelesen bleiben.
Ich erhalte manchmal endlos lange E-Mails und - ehrlich gesagt - werfe ich einen kurzen Blick auf drei Schlüsselwörter... und gehe zur Tagesordnung über. Wenn du etwas schreibst, solltest du unbedingt an denjenigen denken, der es dann lesen soll.

DON'T USE PHOTOS - Es ist nicht nötig, dass du einer normalen Bewerbung dein Foto beilegst - es sei denn, dies wird in der Stellenanzeige ausdrücklich verlangt. Das ist natürlich eine persönliche Entscheidung, aber erlaube mir, meine Meinung dazu zu sagen: In meinem Berufsleben habe ich die Erfahrung gemacht, dass viele Frauen SEHR von Konkurrenzdenken geprägt sind. Mir ist aufgefallen, dass in den Personalabteilungen oftmals Frauen sitzen. Wenn ich also eine hübsche Frau wäre und in einem Unternehmen arbeiten wollte, würde ich einer anderen Frau (die womöglich auf ihren Vorgesetzten steht) kein Foto schicken, auf dem ich wirklich blendend aussehe. Wenn du dagegen ein Mann bist, hast du dasselbe Problem... na ja, vielleicht nicht gar so sehr!

DON'T BOAST - Verzichte auf Selbstdarstellung mit Sätzen wie 'I am the best'. The English hate **big heads**!

DON'T BE FANCY - Vermeide eine zu farbige oder übertriebene graphische Formatierung bzw. Textformatierung. Mach nicht zu viel Lärm um dich. Halte dich mit deinen Spleens zumindest am Anfang zurück.

DON'T FORGET - Vergiss nicht, auch deine Hobbys zu beschreiben! Die Engländer sind der Meinung, dass außerberufliche Interessen viel über den Charakter einer Person aussagen. Erwähne also deine Hobbys, vor allem Sportarten (die deine Leadership-Fähigkeiten oder deine Teamfähigkeit unter Beweis stellen können).

EXERCISE

Such dir alle Teile zusammen, die du benötigst, um deinen Lebenslauf zu erstellen. Wähle aus den folgenden Sätzen diejenigen aus, die zur Beschreibung deines persönlichen und beruflichen Profils am besten geeignet sind und trage sie in das Formular ein.
Schaffe dir deinen persönlichen Lebenslauf!

CURRICULUM VITAE

Address .... – .... – Germany
Tel. + 49 ....
Mobile +49 ....

Nationality ....
Marital Status ....
Sex ....
Date of Birth ....
E-mail ....

Personal Profile ....
....
....
....
....
....

Work Experience ....
....
....
....
....

Skills ....

Education ....

Languages ....

Interests ....

I hereby give permission to use my personal data in accordance with the law.

EXERCISE

Marital Status
single, married, separated, divorced, widowed

Sex
male, female

Personal Profile
I go to great lengths to get the right results
I'm committed to...
Dedicated to...
I'm willing to travel
I come up with ideas to...
I enjoy working with...
Familiar with...
Creative
Motivated
I listen...
I get on well with people at all levels
Well-organized
I'm willing to go through any kind of training necessary...
Easily creating good working relationships
Strong team player
Experienced in...
Dynamic person
Hard working
Excellent communication skills
Punctual
Ready to learn

Wenn du dann meinem Rat folgen und etwas angeben möchtest, wo du noch Verbesserungsbedarf siehst:
I could improve on my...
I should...
I should be more...
I would like to be more...
I need...

Work Experience
Hier listest du deine Berufserfahrung auf und beginnst dabei mit der aktuellsten; führe nur die wichtigsten Informationen auf – also die, die deiner Bewerbung förderlich sind.

Skills
Driving licence
Car owner
Basic / good / excellent knowledge of... software / operating system
Awards
Certificates

Education
Denk daran, deinen letzten Abschluss zuerst aufzuführen und dann chronologisch zurückzugehen. Einige Beispiele für Schul- bzw. Studienabschlüsse:
Lower Secondary School
Upper Secondary School
High School (US)
Comprehensive School (UK)
Academy of Music
University
Bachelor's Degree (3-year-course)
Master's Degree
Doctorate
Diploma
Degree
(with) Distinction

Languages
German, English, French, Italian, Spanish, Chinese, Japanese, Russian, Portuguese, Swedish, Finnish, Norwegian
Writing, speaking
Native speaker, basic / elementary / intermediate / good / upper intermediate / advanced / fluent
I can make basic phone calls in English

EXERCISE

I can report basic / detailed information
I can answer the telephone in English
I can make a presentation in English
I'm still learning how to... in English (wenn du noch nicht weißt, wie man etwas macht)

Interests
reading, writing, painting, cooking, football, basketball, swimming, volleyball, archery, handicraft, animals, photography

Die Übersetzung aller Begriffe und Sätze, die du verwenden kannst, findest du im GLOSSARY am Ende des Kapitels.

DAS BEWERBUNGSSCHREIBEN

The covering letter

Heutzutage schickt man Lebenslauf und **Bewerbungsschreiben** per E-Mail. Es ist sehr wichtig, dass aus dem Betreff der E-Mail klar hervorgeht, dass es sich um eine Bewerbung handelt, andernfalls könnte sie als Spam gelöscht werden. Das Format des Bewerbungsschreibens ist identisch mit dem einer normalen geschäftlichen E-Mail. Am Anfang des Schreibens stehen Datum und Name des Empfängers.
Versuche, den Namen des Personalleiters bzw. der Personalleiterin oder der Person herauszufinden, die für die Einstellung neuer Mitarbeiter zuständig ist. Dann kannst du direkt an diese Person schreiben. Verwende den korrekten '**title**': Ist der Personalchef ein Mann, schreibst du '**Mr.**', handelt es sich um eine Frau, dann lautet die Anrede **'Ms'** (diese Anrede gilt sowohl für verheiratete als auch für unverheiratete Frauen). Wenn dir der Name des E-Mail-Empfängers aber nicht bekannt ist, dann schreibst du ganz allgemein '**Dear Sir or Madam'** oder auch **'To whom it may concern'**.

Zu Beginn deines Bewerbungsschreibens gibst du an, um welche Stelle du dich bewirbst, und wo du die Stellenanzeige gesehen hast.

Danach stellst du dich vor, zeigst die Eigenschaften auf, die dich zum geeigneten Bewerber für diese Stelle machen und lieferst eine kurze Beschreibung deiner bisherigen Berufserfahrung, die für deine Einstellung ausschlaggebend sein kann. Zum Schluss bedankst du dich beim Empfänger dafür, dass er sich die Zeit genommen hat, deine Bewerbung zu lesen... und dir zu antworten!

"Okay, jetzt suchen wir eine Stelle", sagt Mark. "Weißt du, wie das geht?"
"Natürlich! Wir steigen in ein Flugzeug und fliegen nach England!"
"Wenn du mitkommst, müssen wir einen Job für dich finden, bevor wir abreisen... zumindest solltest du das eine oder andere Vorstellungsgespräch in Aussicht haben."
Mark wendet sich seinem Computer zu und geht ins Internet.
"Das ist wirklich einfach. Es gibt Seiten, die sich auf den Stellenmarkt spezialisiert haben. Normalerweise benutzt du Google, um im Internet auf Recherche zu gehen, oder? Also, diese Seiten sind Suchmaschinen wie Google, aber als Suchergebnis erhältst du eine Auflistung der verfügbaren Stellen.
Es gibt ziemlich viele Internetseiten, die solche Dienste anbieten, zum Beispiel www.iwannajob-now.com!"
Mark zeigt Andreas die Seite.

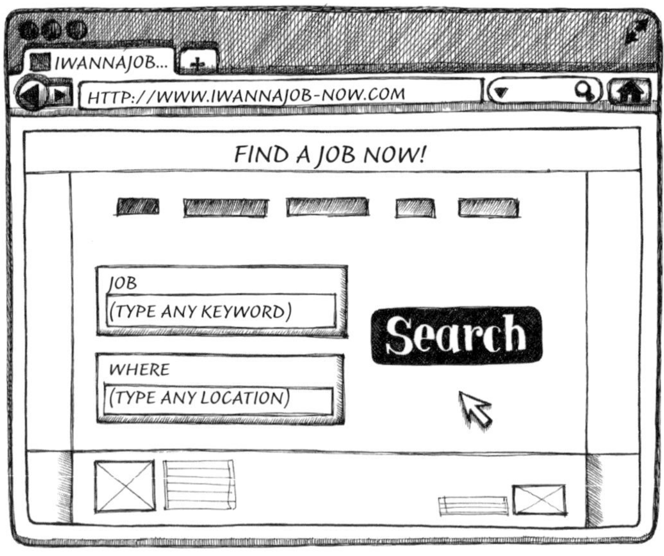

"Siehst du? Da gibt es ein Textfeld, in das du ein keyword eingibst - ein Suchwort also. Dort schreibst du, welche Art von Arbeit du suchst - in deinem Fall barman - und dann den Ort - London. So, fertig. Jetzt drückst du die 'Search'-Taste."
"Was ist das denn? Cleaner... das ist kein barman! Lass mich versuchen."

Andreas nimmt die Tastatur und tippt seine Suchwörter ein: “Chauffeur, supermodels, beach, topless”. Er wartet gespannt auf die Suchergebnisse.

JOB SEARCH RESULTS

1. ROXY CHAFFEUR COMPANY
DRIVER WANTED TO TAKE YOUNG
SUPERMODELS TO VARIOUS BEACHES.
SALARY £200,000 PER YEAR.
WOMEN OVER 60
WILL BE CONSIDERED ONLY!

“Na dann... was soll ich tun, Mark?”
“... also schreib ‘**bar** staff’, ‘bar person’, ‘pubs’... versuchen wir es mit ‘bar staff’!”, antwortet Mark. “Hier, gefunden!”
Sie haben jetzt eine Liste zur Auswahl.

JOB SEARCH RESULTS

1. BAR STAFF WANTED FOR EVENTS IN LONDON
FASTRECRUIT - UK
£18,000-£23,000

2. CRUISE SHIP BAR & RESTAURANT STAFF
SEA EMPLOYMENT SOLUTIONS

3. RESIDENTIAL SERVICE MANAGER
OLD TIMES STAFFING LTD.
£27,000-£28,000

4. BAR STAFF WANTED
THE SUNSHINE INN, PICCADILLY

LESSON

JOBSUCHE IM INTERNET

Finding a job online

Egal, welche Art von Arbeit du suchst, es gibt jede Menge Orte, an denen du recherchieren kannst. Hier sind einige der vielen Seiten, die das Internet anbietet:

Indeed
SimplyHired
Gumtree

Es gibt auch Placement-Agenturen für alle Berufszweige. Diese bieten spezifische Möglichkeiten für Akademiker oder Menschen mit Berufserfahrung. Ein Beispiel ist der multinationale Weltmarktführer für workforce solutions:
www.manpowergroup.de
Die Internetseite sieht mehr oder weniger so aus:

Auch britische Zeitungen sind eine gute Möglichkeit, offene Stellen zu finden. Es gibt Online-Ausgaben mit Bereichen für Stellenangebote/Stellengesuche. Hier kannst du deinen Lebenslauf online stellen und damit Werbung für dich machen. In den Suchergebnissen werden dir die passenden Treffer aus Zeitungen mit Lokalausgaben angezeigt. Einige Beispiele für London:

Evening Standard
Metro
TNT Magazine

EINE BEWERBUNG VERSENDEN

Sending your CV

Andreas studiert aufmerksam die Suchergebnisse und zeigt auf eines.
“Das erscheint mir interessant! The Sunshine Inn in Piccadilly.”
“Okay, da steht die E-Mail-Adresse.”
“Na dann schicke ich ihnen meinen Lebenslauf!”, ruft Andreas überschwänglich aus.
“Nicht so hastig, Bruder. Du kannst doch nicht NUR den Lebenslauf schicken. Du musst auch einen covering letter verfassen.”
“Und was ist das?!”
“Das ist eine E-Mail, in der du schreibst, für welche Stelle du dich bewirbst und dann kurz erklärst, wer du bist und warum sie dich für die Stelle berücksichtigen sollten. Du möchtest doch, dass sie sich die Zeit nehmen, deinen Lebenslauf zu lesen, oder?!”
“Das habe ich verstanden, aber warum nennen sie es ‘covering letter’, wenn es sich doch NICHT um einen Brief handelt..., der etwas bedeckt?!”
“Weil die Menschen Briefe schrieben, bevor es das Internet gab. Mit Papier und Stift. Und dann steckten sie diese Briefe in einen Umschlag. Und versahen diesen mit einer Briefmarke. Und dann gingen sie zu Fuß bis zur Post...”
“In welchem Film hast du das denn gesehen?!”
“Jedenfalls schickte man die Bewerbung früher per Post, und es gab immer ein Anschreiben, das sie bedeckte - also begleitete -, in dem man sich vorstellte”, erklärt Mark.

"Heute wird eine Bewerbung meistens per E-Mail verschickt, aber der Begriff 'covering letter' ist geblieben."
"Also?", fragt Andreas.
"Also... zuerst musst du die Anzeige sehr aufmerksam lesen. Welche Eigenschaften sind gefragt? Hier sagen sie, dass sie eine dynamische Person suchen, die sich gut kleidet, also werden wir schreiben..."

Subject: Application for The Sunshine Inn bar staff vacancy

12/02/2013
The Sunshine Inn
11 Warwick St
London W1B 5NF

Dear Sir or Madam,
I am writing to you about your advertisement on www.iwannajob-now.com for bar staff.

I have worked in bars before and enjoyed it very much. I plan to move to England in the near future and would love to take the opportunity you are offering. I am a dynamic and presentable person who gets on well with everyone.
My mother tongue is German, but I am improving my English and I learn quickly.
I am willing to come to London for an interview whenever is **convenient** for you. Thank you for taking the time to read this letter, and I hope to hear from you soon.

Best regards

Andreas Wolf
Königstr. 27 - 22767 Hamburg - Germany
E-mail andreas.wolf@gmx.de
Tel. + +49 40 222222
Mobile +49 455 55555

TO GET ON WELL WITH (SOMEONE) - mit jemandem gut auskommen

HANDLE - Leitet sich von *hand* , also 'hand' ab; dieses Verb bezeichnet die Fähigkeit, etwas handhaben, also bearbeiten, zu können.

AMPLE - reichlich, mehr als ausreichend

BIG HEAD - Angeber; Person, die von sich selbst eingenommen ist

FANCY - ausgefallen

I'M WILLING TO - Ich bin bereit zu...

BAR - Achtung, false friend! Bar bedeutet hier Theke.

HIRED - eingestellt

MANPOWER - Manpower, Arbeitskräfte

CONVENIENT - günstig, passend

CV GLOSSARY

MARITAL STATUS - Personenstand

SINGLE - ledig

MARRIED - verheiratet

SEPARATED - getrennt lebend

DIVORCED - geschieden

WIDOWED - verwitwet

SEX - Geschlecht

MALE - männlich

FEMALE - weiblich

PERSONAL PROFILE - persönliches Profil

I GO TO GREAT LENGTHS TO GET THE RIGHT RESULTS - Ich gebe mein Bestes, um die richtigen Ergebnisse zu erzielen.

I'M COMMITTED TO... - Ich engagiere mich für...

DEDICATED TO... - Ich widme mich...

I'M WILLING TO TRAVEL - Ich bin bereit zu reisen.

I COME UP WITH IDEAS TO... - Ich habe Antworten auf...

I ENJOY WORKING WITH... – Ich arbeite gerne mit...

FAMILIAR WITH... – Ich bin vertraut mit...

CREATIVE – kreativ

MOTIVATED – motiviert

I LISTEN... – zuhören, hören auf

I GET ON WELL WITH PEOPLE AT ALL LEVELS – Ich komme in allen Situationen mit Menschen aus.

WELL-ORGANIZED – gut organisiert

I'M WILLING TO GO THROUGH ANY KIND OF TRAINING NECESSARY...

Ich bin bereit zu jeder Form von Weiterbildung...

EASILY CREATING GOOD WORKING RELATIONSHIPS – Es fällt mir leicht, ein gutes Arbeitsverhältnis zu schaffen.

STRONG TEAM PLAYER – Ich bin ein guter Teamplayer.

EXPERIENCED IN... – erfahren in...

DYNAMIC PERSON – ein dynamischer Mensch

HARD WORKING – fleißig

EXCELLENT COMMUNICATION SKILLS – ausgezeichnete Kommunikationsfähigkeit

PUNCTUAL – pünktlich

READY TO LEARN – lernwillig

I COULD IMPROVE ON MY... – Ich sehe Verbesserungsmöglichkeiten bei...

I SHOULD... – Ich sollte...

I SHOULD BE MORE... – Ich sollte mehr...

I WOULD LIKE TO BE MORE... – Ich würde gerne mehr...

I NEED... – Ich brauche...

WORK EXPERIENCE – Berufserfahrung

SKILLS – Fähigkeiten und Kompetenzen

DRIVING LICENCE – Führerschein

CAR OWNER – Ich besitze ein Auto.

BASIC / GOOD / EXCELLENT KNOWLEDGE OF... SOFTWARE / OPERATING SYSTEM – Grundkenntnisse / gute / hervorragende Kenntnisse ... von der Software / vom Betriebssystem

AWARDS – Auszeichnungen, Stipendien
CERTIFICATES – Zeugnisse
EDUCATION – Ausbildung / Abschlüsse
LOWER SECONDARY SCHOOL – Sekundarstufe I
UPPER SECONDARY SCHOOL – Sekundarstufe II
HIGH SCHOOL (US) – Gymnasium
Um die Art des besuchten Gymnasiums näher zu spezifieren, sind folgende Zusätze möglich:
SPECIALIZING IN CLASSICAL STUDIES – altsprachliches Gymnasium
SPECIALIZING IN SCIENCE – naturwissenschaftliches Gymnasium
SPECIALIZING IN MODERN LANGUAGES – neusprachliches Gymnasium
SPECIALIZING IN BUSINESS STUDIES AND ECONOMICS – Wirtschaftsgymnasium
SPECIALIZING IN TECHNOLOGY – Technisches Gymnasium
COMPREHENSIVE SCHOOL (UK) – Gesamtschule
ACADEMY OF MUSIC – Musikhochschule
UNIVERSITY – Universität
BACHELOR'S DEGREE (3-YEAR-COURSE) – Bachelor-Abschluss
MASTER'S DEGREE – Master-Abschluss
DOCTORATE – Promotion
DIPLOMA – Diplom, Abschlusszeugnis
DEGREE – Universitätsabschluss
(WITH) DISTINCTION – mit Auszeichnung
LANGUAGES – Sprachkenntnisse
WRITING – schriftlich
SPEAKING – mündlich
NATIVE SPEAKER – Muttersprachler
BASIC – grundlegend
ELEMENTARY – elementar
INTERMEDIATE – mittel
GOOD – gut
UPPER INTERMEDIATE – überdurchschnittlich

ADVANCED - fortgeschritten

FLUENT - fließend

I CAN MAKE BASIC PHONE CALLS IN ENGLISH - Ich kann einfache Telefonate auf Englisch führen.

I CAN REPORT BASIC / DETAILED INFORMATION - Ich kann über grundlegende / weitergehende Informationen berichten.

I CAN ANSWER THE PHONE IN ENGLISH - Ich kann englische Telefongespräche führen.

I CAN MAKE A PRESENTATION IN ENGLISH - Ich kann eine Präsentation auf Englisch abhalten.

I'M STILL LEARNING HOW TO... IN ENGLISH - Ich lerne noch, wie man auf Englisch... (wenn du noch nicht weißt, wie etwas geht).

INTERESTS - Hobbys

READING - lesen

WRITING - schreiben

PAINTING - malen

COOKING - kochen

FOOTBALL - Fußball (US: Soccer)

BASKETBALL - Basketball

SWIMMING - schwimmen

VOLLEYBALL - Volleyball

ARCHERY - Bogenschießen

HANDICRAFTS - Kunsthandwerk, Handarbeit

ANIMALS - Tiere

PHOTOGRAPHY - Fotografie

CHAPTER

4

Interview techniques

Ordering food
Interview techniques
Do & Don't
Typical question examples

CHAPTER FOUR

Interview techniques

Mark und Andreas sitzen im Flugzeug nach England. Sie möchten etwas essen, deshalb fängt Andreas an zu gestikulieren, um die Aufmerksamkeit der Stewardess auf sich zu ziehen.
"Hör auf damit!", sagt Mark. "Das macht man nicht... Warte, bis sie hierher kommt. Dann musst du nur sagen: 'Excuse me! We'd like to order some food, if possible. Could we have the menu, please?'. "
"Das sagst dann aber du..."
Die Stewardess nähert sich, und Mark fragt nach der Speisekarte; dann studieren die beiden Brüder diese gemeinsam.

MENU

Cottage **pie** and **chips**
Pie and chips
Fish and chips
Chips with chips
Chip sandwich with chips

Drinks
Sparkling water *
Still water *
Coffee *
Tea *
Beer *
Wine *

**all drinks will be served with chips*

ESSEN BESTELLEN

Ordering food

“Mark, was ist bitte Cottage pie?”
“Das ist mit Kartoffeln bedecktes Hackfleisch”, antwortet Mark.
“Englisches Essen, igitt!”, ruft Andreas mit angewidertem Blick.
“Tatsächlich ist Cottage Pie lecker”, sagt Mark. “Irgendwann müssen wir in einem Pub zu Mittag essen... dort bekommt man gutes englisches Essen! Und eine Pint Bitter!”
“Und was, bitte schön, ist Bitter? So etwas wie ein Magenbitter?”
“Nein, Bitter ist dasselbe wie Ale - englisches Bier mit kurzer Gärungszeit”, erklärt Mark.

Die Stewardess nähert sich wieder. “Are you ready to order?”, fragt sie.
Möchten Sie jetzt bestellen?
Und Andreas: “Entschuldigung?”
Die Stewardess fährt fort: “What would you like with your chips?”.
Was möchten Sie zu den Chips haben?
“Well, **I’ll have** the cottage pie and a cup of tea, please.” Mark lächelt und wendet sich dann seinem Bruder zu.
Also, ich nehme bitte den Cottage Pie und eine Tasse Tee.
“Cottage pie.”
“Would you like something to drink with that?”, fragt sie.
Möchten Sie dazu etwas trinken?
Andreas weiß nicht, was er sagen soll.
“He’ll have a bottle of beer, thanks!” kommt ihm Mark, wiederum lächelnd, zu Hilfe.
Er möchte eine Flasche Bier, danke!
Die Stewardess geht.
”Warum hast du gesagt ‘I’ll’? Ist das nicht das Futur im Englischen?”
“Yes!”, antwortet Mark. “Future Simple... ‘I’ll’, also ‘I will’ verwendest du in dem Augenblick, in dem du beschließt, etwas Bestimmtes zu tun. Ich habe in dem Moment beschlossen, Cottage Pie zu bestellen.”
‘Streber’, denkt Andreas, aber Mark ist noch nicht fertig...
“Wenn du etwas von einer Speisekarte bestellst, dann sagst du nicht nur, wel-

ches Gericht du willst. Zuerst musst du sagen 'I'll have...' oder 'I'd like...' Aber verrate mir noch... wie hast du es zu diesem Vorstellungsgespräch gebracht, häh?!"

"Ganz einfach! Ich habe meinen Lebenslauf geschickt, und dann haben wir den Termin für das Vorstellungsgespräch per E-Mail vereinbart", antwortet er. Mark weiß, dass er ihm etwas verheimlicht... er sieht es seinem Gesichtsausdruck an.

"Du hast bei deinem Lebenslauf getrickst, stimmt's?"

"Kann sein...", murmelt Andreas. "Das merkt doch keiner!"

"Das kommt irgendwann heraus, das weißt du genau! Sie werden die Wahrheit herausfinden, und du wirst den Job nicht bekommen. Du verschwendest deine und vor allem MEINE Zeit!"

Die Stewardess kommt mit den bestellten Speisen zurück.

GESPRÄCHSTECHNIKEN

Interview techniques

Als er fertig ist mit Essen, gibt Mark der Stewardess das Tablett und wendet sich Andreas zu.

Die Stewardess fragt Andreas: "Did you enjoy your **meal**, sir?"

Hat Ihnen das Essen geschmeckt?

Andreas dreht sich zu Mark: "Soll ich ihr die Wahrheit sagen?"

"Nein!", antwortet Mark.

"It was very good, thank you!", sagt Andreas zur Stewardess.

Es war sehr gut, danke!

SO HEISST ES RICHTIG

Die Frage wurde im Past Simple gestellt, also antwortet Andreas, ganz richtig, ebenfalls im Past Simple. Achte immer auf die korrekte Zeit des Verbs.

"Also, was weißt du über diese Firma, bei der du dich beworben hast?"

"Es ist ein Hotel", antwortet Andreas.

"Und...?"

“Und… was weiß ich…”
“Finde heraus, ob es zu einer Kette gehört, oder ob es im Privatbesitz ist. Weißt du, wie viele Sterne dieses Hotel hat?”
“Was weiß denn ich, wie soll ich das herausfinden? Häh?! Das ist mir piepegal!” Andreas schaut aus dem Flugzeugfenster.
“Hör zu!”, schreit Mark. “Sieh zu, dass du deine Einstellung änderst, oder tu wenigstens so, als ob du Interesse hättest! Derjenige, der das Vorstellungsgespräch mit dir führen wird, entscheidet in den ersten sieben Sekunden des Gesprächs, ob du ein möglicher Kandidat bist. Du musst dich passend kleiden und die entsprechende Haltung haben. Wenn du diese Person triffst, dann schüttle ihr die Hand - fest, aber nicht zu fest - und schau ihr immer in die Augen. Setz dich ordentlich hin; setze auch deine Körpersprache ein, um zu zeigen, dass du interessiert bist. Hör auf die Fragen, die dir gestellt werden und antworte direkt. Und bereite dich auf die Fragen vor…”
“Hey, hey! Warte einen Augenblick!”, fährt Andreas dazwischen. “Wie soll ich mir denn das alles merken?!”
“Und stelle keine dummen Fragen… Du fragst weder nach dem Urlaub, noch nach der Bezahlung. Sie möchten vielleicht wissen, welche Gehaltsvorstellung du hast, aber pass auf, dass du nicht übertreibst… Frag lieber sie, woran sie gedacht haben oder bitte sie um einen günstigen Vorschlag.”
“Für ein kleines Trinkgeld werde ich nicht arbeiten!!!”
“Du hast keine ordentliche Ausbildung, du hast keine Qualifikationen, du hast keine Berufserfahrung… und du hast vor allen Dingen keine Wahl!” Mark schaut ihm direkt in die Augen und hofft auf eine Erwiderung. Andreas seufzt und dreht sich wieder in Richtung Fenster.
Mark möchte noch nicht aufgeben: “Komm schon, ich versuche, dir ein paar Fragen zu stellen, okay?”
Andreas dreht sich nicht um.
“Auf! Wir tun so, als ob dies das Vorstellungsgespräch sei…”
“Good morning, Andreas!”
Guten Morgen Andreas!
“Guten Morgen Mark.”
“Speak in English, stupid!” Mark verliert bereits die Geduld. “Let’s start again… Good morning, Andreas.”
Sprich Englisch, du Dummkopf! Fangen wir nochmals an… Guten Morgen Andreas.

"Hallo...", Andreas bemerkt, dass Marks Nervosität gefährlich zunimmt...
"Äääah... Hi!"
"That's too informal!!!"
Das ist zu salopp!!!
Andreas bestellt noch ein Bier.

WAS DU TUN, UND WAS DU LASSEN SOLLTEST

Do & Don't

DO

PREPARE – Wenn du dich auf dein Vorstellungsgespräch gut vorbereitest, dann bist du sicher. Finde so viel wie möglich über das Unternehmen und über die Voraussetzungen für die Stelle heraus.

BE PROFESSIONAL – Gib dich immer professionell, denn ein Bewerbungsgespräch ist im Vereinigten Königreich und in den Vereinigten Staaten eine ziemlich formelle Angelegenheit.

USE TITLES – Sprich die Person, die das Bewerbungsgespräch mit dir führt, mit der korrekten Anrede an: Mr (das spricht man 'Mister' aus), wenn du den Namen deines Gesprächspartners kennst, oder – allgemeiner – Madam oder Sir. Ms verwendet man nur in der Schriftsprache, in der gesprochenen Anrede kommt es nicht vor.

EXPERIENCE FIRST – Qualifikation und Studien- bzw. Berufsabschluss sind wichtig, aber die meisten englischen Arbeitgeber legen mehr Wert auf Berufserfahrung – insbesondere, wenn der Bewerber sein Vollzeitstudium oder seine Vollzeitausbildung vor mehr als drei Jahren abgeschlossen hat.

ASK FOR CLARIFICATION – Hake nach, wenn du eine Frage nicht verstehst: Wenn du eine Antwort gibst, die nichts mit der Frage zu tun hat, die man dir gestellt hat, stehst du da wie ein Idiot.

SAY THANK YOU – Zeige dich am Ende des Gesprächs immer dankbar für die Aufmerksamkeit und das Entgegenkommen: Gute Manieren sind in England sehr wichtig.

DRESS APPROPRIATELY – Trage angemessene Kleidung: professionell und einfach. Trage keine zu teure Markenkleidung und stelle die Marke nicht zur Schau.

Diese Kleidung empfehle ich dir für den Tag deines Bewerbungsgesprächs.

DON'T

DON'T ENGAGE - Verschwende die Zeit der Person, die das Bewerbungsgespräch mit dir führt, nicht mit nutzlosem Geplauder. Warte damit zumindest bis zum Ende des Gesprächs oder bis zu einer Kaffeepause.

DON'T PANIC - Die Gesprächstechniken im Vereinigten Königreich können ganz unterschiedlich sein; es kann vorkommen, dass du sehr aggressiven Personen gegenüberstehst. Mach dir bewusst, dass es sich dabei nicht um einen Angriff auf deine Person handelt; atme tief durch und beantworte die Fragen ruhig und professionell.

DON'T BOAST - Arroganz gehört zu den Eigenschaften, die für einen Engländer unerträglich sind. Wenn du arrogant bist, riskierst du, dass deine positiven Eigenschaften nicht mehr ankommen.

DON'T EXPECT PREFERENTIAL TREATMENT - Erwarte nicht, dass man dich aufgrund von Beziehungen oder der Universität, die du besucht hast, bevorzugt behandelt. Das trifft vor allem auf die Vereinigten Staaten zu.

DON'T ASK STUPID QUESTIONS - Stelle keine belanglosen Fragen oder Fragen, die man nur mit 'ja / nein' beantworten kann. Das Vorstellungsgespräch ist die Gelegenheit, deine kommunikativen Fähigkeiten unter Beweis zu stellen.

BEISPIELE FÜR TYPISCHE FRAGEN

Typical question examples

QUESTIONS THEY MAY ASK

Why do you want to work here?
Warum möchten Sie hier arbeiten?

Could you tell me about your previous job?
Können Sie mir etwas über Ihre vorherige Arbeitsstelle erzählen?

What are your strengths and weaknesses?
Wo liegen Ihre Stärken und Schwächen?

What are your objectives for the next five years?
Welche Ziele haben Sie sich für die nächsten fünf Jahre gesetzt?

How do you evaluate success?
Wie wichtig ist Ihnen Erfolg?

Are you willing to travel?
Sind Sie bereit zu reisen?

When can you start? / How soon can you start?
Wann können Sie anfangen?

QUESTIONS YOU MAY ASK

What skills and abilities are necessary for someone to succeed in this job?
Welche Kompetenzen und Fähigkeiten sind nötig, um bei dieser Stelle erfolgreich zu sein?

Could you please explain your organisational structure?
Könnten Sie mir bitte Ihre Organisationsstruktur erklären?

How many people work in this office?
Wie viele Mitarbeiter sind in diesem Büro beschäftigt?

Is relocation a possibility?
Ist eine Versetzung möglich?

What are the prospects for promotion?
Wie sind die Aufstiegschancen?

Does the job involve shift work?
Wird bei dieser Stelle in Schicht gearbeitet?

BEFORE WE FINISH THIS INTERVIEW, I THINK YOU SHOULD KNOW THAT THIS COMPANY HAS A VERY IMPORTANT NAME AND I WON'T ALLOW ANYBODY TO RUIN IT. AND THAT INCLUDES YOU. YOU SHOULD KNOW, MR. JONES, THAT I DON'T TOLERATE LATENESS AND I DON'T LIKE PEOPLE WHO CHALLENGE MY IDEAS.
SO, WHEN CAN YOU START?

Exercise

Stell dir vor, du bist bei einem Vorstellungsgespräch. Suche die passende Antwort auf jede Frage.

1. Why do you want to work here?

A Because this company is the leader in its sector and I want to work with the best.

B Because I'm the best and I will be your leader.

C Because my mom sent my CV and now I don't want to disappoint her.

2. Could you tell me about your previous job?

A I worked in a fire alarm factory but one night it burned down.

B It was a nice experience. I was employed on a temporary basis, so when the project was complete I left the company. I'm still in contact with my ex colleagues and boss because the team was very strong. Now I would like to widen my experience.

C I worked in a restaurant as a waiter but I have a terrible memory... I always forgot what people wanted; I'm very creative so I chose what they wanted to eat.

3. What are your strengths and weaknesses?

A My strength is that I am physically strong but my weakness is my lack of brain.

B I am intelligent, charming, extremely likeable but I'm too modest.

C I work well in a team and have good interpersonal skills; my weakness is that I sometimes take on too much when I should ask others for help.

4. What are your objectives for the next five years?

A I'd like to widen my experience in this field and face new challenges.

B My objectives? That nice girl at the reception and your Personal Assistant, too. Very good looking women here, huh?

C Winning the National lottery and opening a bar on a beach in the Hawaii Islands.

EXERCISE

5. How do you evaluate success?

A Success is not relevant at all; the most important thing in my job is the holiday.

Urlaub: **holiday** - UK **vacation** - USA

B Hey baby! Success is my second name.

C Personal success is important, but I'm mostly interested in the company's success because it's nice to work in a productive and successful environment.

6. Are you willing to travel?

A Of course! I'm a big Manchester United fan so I always travel around Europe to support my team.

B Yes, but I can't drive, I'm scared of flying and I suffer from seasickness. But I walk and run very fast.

C Travelling on business trips is an option I'm willing to evaluate. In the past I've always been ready to travel when asked.

7. When can you start?

A I thought I had already started!

B I'm ready and available to start immediately.

C I wasn't very impressed: the receptionist is ugly, the coffee machine doesn't work properly and your questions are frankely banal, so I'm not sure I really want to work here but I'll let you know.

PIE - Kuchen oder Pastete. Eine Pie kann *savory* (salzig wie in unserer Geschichte, oder *sweet*, z.B. ein *apple pie*) sein.

CHIPS - Pommes frites - also nicht die Kartoffelchips in der Tüte. Die heißen im Englischen *crisps*.

STILL - Wasser bestellt man im Englischen nie *mit Kohlensäure* oder *ohne Kohlensäure*, sondern *sparkling* (prickelnd) oder *still* (wie das stille Wasser im Deutschen).

I'LL HAVE - Vielleicht dachtest du, dass *have* nur 'haben' bedeutet... Man verwendet *have* aber auch, wenn man etwas zu essen oder zu trinken bestellt. *I'll have* heißt "ich esse, ich nehme dies oder das zu essen - oder zu trinken".

MEAL - Mahlzeit. *Breakfast* (Frühstück), *lunch* (Mittagessen), *dinner* (Abendessen) sind verschiedene Mahlzeiten.

CHAPTER

5

In the office

"Manners maketh man"
The please disease
Would, should, could, might
First day at work and office etiquette
Do & Don't and Avoid
Andreas gets a job
Reality check

CHAPTER FIVE

In the office

Mark verlässt die U-Bahn-Haltestelle *Canary Wharf*. Er hat am Vorabend bei *Google Maps* recherchiert, wo sich das Büro befindet. Die Anschrift lautet *One Canada Square*.

Er betritt das Gebäude durch den Haupteingang mit einer Mischung aus Angst und Vorfreude. Die Büros der Firma Rispa befinden sich im 37. Stockwerk. Er durchquert die Eingangshalle und geht auf die Aufzüge zu. Dort trifft er auf eine junge Frau, die gerade auf den Lift wartet. Mark schenkt ihr ein Lächeln und lässt ihr den Vortritt, als der Aufzug kommt.
"Please", sagt er.
"Please what?", erwidert sie, etwas amüsiert.
"After you", ruft Mark aus; die Frau betritt den Aufzug.

SO HEISST ES RICHTIG

Wenn du "please" sagst, dann erwartet ein Engländer, dass du ihm eine Frage stellst oder ihn um etwas bittest. Um jemandem den Vortritt zu lassen, sagst du "after you".

Mark weiß, dass es wichtig ist, allen gegenüber so höflich wie möglich zu sein - selbst in einem Lokal in der Nähe des Arbeitsplatzes. Man kann ja nie wissen, wen man dort trifft. Einen Arbeitskollegen, den zukünftigen Chef...
Die Aufzugtüren öffnen sich im 37. Stock. Vor sich sieht Mark den Empfang, er nähert sich der jungen Frau, die dort sitzt.

"Hello. My name is Mark Wolf... from the German office. I start work here today."
Hallo. Ich bin Mark Wolf... aus der deutschen Niederlassung. Ich fange heute an, hier zu arbeiten.
"Oh, yes! Mr. Collins is **expecting** you. I'll tell him you're here. Would you like **to take a seat** please?"

Oh, ja! Herr Collins erwartet Sie. Ich gebe ihm Bescheid, dass Sie da sind. Nehmen Sie doch Platz.

Mark lächelt und bedankt sich. Er durchquert den Raum, macht es sich in einer Sitzgruppe bequem und schaut sich um. Vor ihm erstreckt sich ein Korridor, der durch eine lange Reihe von Großraumbüros führt, in denen die Mitarbeiter bereits in ihre Arbeit vertieft sind. "Das ist ein gutes Zeichen", denkt er. Die Menschen hier sind mit Ernst bei der Arbeit - etwas, das er sehr zu schätzen weiß.

Er hat sich gerade gesetzt, als Herr Collins auftaucht.

"Good morning, Mark, and welcome! Great to see you here **at last**!"
Guten Morgen, Mark, und Willkommen! Schön, Sie endlich hier zu sehen!
"Good morning, Mr. Collins. It's great to be here. **I'm looking forward** to meeting everyone!"
Guten Morgen, Mr. Collins. Es ist schön, hier zu sein. Ich freue mich, endlich alle kennenzulernen!
"I'm happy to hear that, Mark." Sie geben sich die Hand. "Please, **come this way**."
Es freut mich, das zu hören, Mark. Bitte hier entlang.

Mr. Collins stellt Mark der Marketinggruppe vor.

"This is Jason Bridges, UK Marketing Manager."
Das ist Jason Bridges, Marketing Manager für das Vereinigte Königreich.

Mark beschließt, dem Beispiel seines Chefs zu folgen und die neuen Kollegen mit dem Vornamen anzusprechen.
"Good to meet you, Jason", sagt Mark.
Schön, Sie kennenzulernen, Jason.
"Good to meet you, too, Mark. I have a meeting in five minutes, but would you like to have lunch later?"
Ganz meinerseits, Mark. Ich habe in fünf Minuten eine Besprechung, aber hätten Sie Lust, später mit mir zu Mittag zu essen?

"That would be great. Thanks!", antwortet Mark.
Das wäre schön. Danke!
"OK. See you later, then." Jason verschwindet am Ende des Korridors.
Okay. Also dann, bis später.
Mr. Collins wendet sich Mark zu und sagt: "Our offices are on the floor above. Shall we go up?"
Unsere Büros sind eine Etage höher. Sollen wir nach oben gehen?
Mark gibt ihm mit einem Lächeln zu verstehen, wie seine Antwort lautet.

Marks Büro ist beeindruckend.
Die Frau aus dem Aufzug sitzt an einem der beiden Schreibtische.

"This is Susan Pritchard, Logistics Manager. Susan, this is Mark Wolf from our Hamburg office. He's our new International Sales Manager."
Das ist Susan Pritchard, Logistik-Managerin. Susan, das ist Mark Wolf aus unserer Hamburger Niederlassung. Er ist unser neuer Leiter für den internationalen Vertrieb.
"Hello, Susan", sagt Mark.
Hallo Susan.
Susan lächelt. "We met in the **lift** a few minutes ago. I'm pleased to meet you again."
Wir haben uns vor ein paar Minuten im Aufzug getroffen. Es freut mich, Sie wiederzusehen.
Herr Collins wendet sich an Mark: "Well, I'll leave you **to get settled**. If you need anything, I'm just down the corridor. Great to have you with us, Mark!"
Gut, Sie können sich jetzt in Ruhe einrichten. Wenn Sie etwas brauchen - ich bin genau am Ende des Ganges. Schön, dass Sie bei uns sind, Mark.

Mark setzt sich an seinen neuen Schreibtisch und schaltet den Computer ein. Er wirft einen kurzen Blick auf Susan und denkt: "Zum Glück war ich vorher nett zu ihr!"

Susan hebt den Blick und lächelt ihn an.
Sie fragt: "Do you want me to show you around?"
Möchten Sie, dass ich Sie herumführe?

"I would be very grateful, thank you", antwortet Mark.
Ich wäre Ihnen sehr dankbar, danke.
"Would you like a coffee first?"
Möchten Sie zuerst einen Kaffee?
"No thanks, but water would be fine."
Nein danke, aber Wasser wäre gut.
"Still or sparkling?"
Mit oder ohne Kohlensäure?
"Sparkling, please"*
Mit Kohlensäure bitte.

Nachdem Mark die Runde durch die Büros gemacht und alles zur Kenntnis genommen hat, setzt er sich an seinen Schreibtisch. Das Telefon klingelt. Er schaut nervös zum Telefon.
Susan lächelt: "Maybe you should answer that...?"
Vielleicht sollten Sie das Gespräch entgegennehmen...?

"Hello, Mark Wolf, London office speaking. How can I help you?"
Niederlassung London, Mark Wolf am Apparat. Wie kann ich Ihnen helfen?
"Du kannst ruhig normal mit mir reden, Dummkopf!", antwortet Andreas.
Mark legt den Hörer sofort wieder auf und schaut Susan an.
"Wrong number...", kommentiert er mit einem breiten Lächeln.
Verwählt...
Ein Mann steckt den Kopf zur Tür herein.
"Sorry. Am I interrupting something? Smith from the Health and Safety Office... I'd like **to go through** our safety regulations with you. Is that all right?"
Entschuldigung. Störe ich gerade? Smith von der Abteilung Gesundheit und Sicherheit... Ich würde gerne unsere Sicherheitsbestimmungen mit Ihnen durchgehen. Ist das in Ordnung?
Mark lächelt und nickt.

* *Unter der 'please disease' (Please-Krankheit) leiden alle Engländer. An jede Bitte wird ein 'please' angehängt. Auch wenn es sich um eine noch so kleine und banale Sache handelt, sag lieber IMMER 'please'. Im Café kannst du nicht einfach 'Two coffees' bestellen. Wenn du kein 'bitte' hinzufügst, wirst du nichts bekommen! Näheres hierzu später.*

GUTES BENEHMEN ZEICHNET DEN MENSCHEN AUS

"Manners maketh man"

Good manners: gute Manieren
Bad manners: schlechte Manieren

Es gibt einige sehr grundlegende Verhaltensweisen, mit denen wir in unserem Arbeitsumfeld unter Beweis stellen können, dass wir eine gute Erziehung genossen haben. Das gilt sowohl, wenn du im Ausland arbeitest, als auch, wenn du deinen Arbeitsplatz in Deutschland hast. Mach dir das klar - es sei denn, du möchtest gerne wie ein Neandertaler wirken. Für uns Engländer sind Höflichkeit und gutes Benehmen wirklich fundamental. Deshalb behandle ich jetzt einige Punkte, die für dich sehr wichtig sein können.

DIE PLEASE-KRANKHEIT

The please disease

Denke daran, dass du Bitten jeglicher Art stets mit dem Wörtchen *'please'* abschließt, und dass du immer *thank you* (oder auch zwangloser *thanks*) sagst, wenn dir jemand etwas gibt. Dabei ist es völlig egal, ob es sich um eine Million Euro oder um ein Glas Wasser handelt.
Engländer und Amerikaner sind der Meinung, dass es ein Zeichen für schlechte Erziehung ist, wenn jemand diese Grundprinzipien der Höflichkeit missachtet. Gute Erziehung beschänkt sich allerdings nicht darauf, *please* und *thank you* zu sagen. Sie zeigt sich auch darin, wie du jemandem entgegentrittst. Nehme freundlichen Blickkontakt auf (schau der Person in die Augen) und lächle; dein Handschlag sollte kraftvoll sein... aber nicht schmerzhaft! Vermeide es, deine Kollegen zu unterbrechen, wenn sie reden. Warte immer ab, bis sie fertig sind, bevor du dich ins Gespräch einschaltest.

DIE MODALVERBEN

Would, should, could, might

Aber ja doch – jetzt folgt eine schöne Grammatiklektion.

Andreas: "Are you coming to the pub?"
Mark: "I would if I could and I should but I can't... but I might come tomorrow."
Andreas: "Bleib besser zu Hause... Du bist ja schon betrunken."

Das sind die Modalverben:

Present	Past
Can	Could
May	Might
Will	Would
Shall	Should
Must	(gibt es nicht in der Vergangenheit)

Mit diesen Verben kannst du das Konditional bilden (*Conditional tense*). Das fasse ich kurz für dich zusammen:

Typ	Bedingung	Hauptsatz
1st	IF + Simple Present *(mögliche Bedingung)*	Will / Can / Must + Infinitiv
2nd	IF + Simple Past *(mögliche Bedingung, die nicht sicher, eher unwahrscheinlich ist)*	Would / Could / Should + Infinitiv

1st – If Andreas rings again, Mark will get very angry.
Wenn Andreas nochmals anruft (mögliche Bedingung), wird Mark sehr wütend werden.
2nd – If Andreas went back to Germany, Mark would be happy.
Wenn Andreas nach Deutschland zurückgehen würde (eher unwahrscheinliche Bedingung), wäre Mark glücklich.

Modalverben können einem Satz aber auch eine zusätzliche Bedeutung verleihen:
Would – Bedingung oder Wille
Could / Might – Möglichkeit oder Wahrscheinlichkeit
Should – Zwang, Verpflichtung oder Ratschlag

Denk daran, dass diese Verben in allen Personen gleich bleiben: *I would, you would, he would* etc.

Modalverben sind noch aus einem anderen Grund wichtig: Mit ihrer Hilfe kannst du dich sehr gewählt ausdrücken.

Informell	Höflich
Will	Would
Can	Could
Must	Should

Hier siehst du, wie du auf verschiedene Weise um dieselbe Sache bitten kannst:

Ein Befehl – Give me a pen!
Gib mir einen Stift!
Ein... etwas höflicherer Befehl – Give me a pen, please.
Gib mir bitte einen Stift.
Eine informelle Bitte – Will you give me a pen, please?
Gibst du mir bitte einen Stift?
Eine sehr höfliche Bitte – Would you give me a pen, please?
Würdest du mir bitte einen Stift geben?

Wenn du die Vergangenheitsform dieser Modalverben verwendest, dann kannst du gleichzeitig eine sehr gewählte und höfliche Bitte äußern:

Informell	Höflich
Can you open this bottle? *Kannst du diese Flasche öffnen?*	Could you open this bottle, please? *Könntest du bitte diese Flasche öffnen?*
Can I ask you a personal question? *Kann ich dir eine persönliche Frage stellen?*	Could I ask you a personal question? *Könnte ich dir eine persönliche Frage stellen?*
Shall I open the bottle? *Soll ich die Flasche öffnen?*	Should I open the bottle? *Sollte ich die Flasche öffnen?*

Should dient auch dazu, auf schöne Art Ratschläge zu erteilen oder Vorschläge zu machen:

Informell	Höflich
You must stop smoking. *Du musst mit dem Rauchen aufhören.*	You should stop smoking. *Du solltest mit dem Rauchen aufhören.*
Change team! *Wechsle die Mannschaft!*	You should change football team. *Du solltest die Fußballmannschaft wechseln.*

LESSON

ERSTER ARBEITSTAG UND BÜROKNIGGE

First day at work and office etiquette

Es ist dein erster Arbeitstag! Denk daran, dass du den Grundstein für die folgenden Monate und Jahre deiner beruflichen Laufbahn legst. Es lohnt sich unbedingt, sich sorgfältig und angemessen vorzubereiten - nicht nur, um Erfolg zu haben, sondern auch, um in diesen schwierigen Tagen mehr Sicherheit zu gewinnen. Lies dir durch, wozu ich dir in dieser so wichtigen Situation rate - und wovon ich dir abrate.

WAS DU TUN, UND WAS DU LASSEN SOLLTEST

Do & Don't

DO

VISIT THE COMPANY'S WEBSITE - Schau dir den Internet-Auftritt des Unternehmens an. Dort kannst du dich über seine Struktur informieren - und über die dort geltenden Regeln und Sicherheitsvorschriften. Überprüfe, ob ein Online-Handbuch für die Mitarbeiter zur Verfügung steht. Solch ein Handbuch wird natürlich in Englisch abgefasst sein. Lade es herunter und lies es aufmerksam; scheue dich nicht, bei deinen Kollegen oder auch bei deinem Chef nachzufragen, wenn dir etwas nicht klar ist. (Keine Sorge, du machst damit keinen schlechten Eindruck - im Gegenteil: Mit deinem Interesse zeigst du, dass du die Regeln der Firma ernst nimmst).

DON'T TOUCH PEOPLE - Abgesehen vom Händeschütteln sind Engländer sehr reserviert, was Körperkontakt anbelangt. Amerikaner sind im Hinblick auf Körperkontakt ein wenig lockerer: Sie klopfen dir schon mal freundschaftlich auf die Schulter und werden nicht sofort nervös, wenn du es ihnen gleichtust.

GET TO KNOW YOUR NEW COLLEAGUES
Hast du Lust auf ein Bier? **"Fancy a pint?"** - GB, **"How about a cold one?"** - USA
Wenn du nach der Arbeit zum Essen oder auf ein Gläschen eingeladen wirst, dann nimm die Einladung an. Das ist die beste Möglichkeit, Beziehungen zu den neuen Kollegen zu knüpfen. In England ist es nicht ganz so einfach, Freundschaften zu schließen, aber ein Pub ist ein guter Ort für diesen Anlass. Für die Engländer ist ein Pub nicht einfach eine Kneipe - es ist vielmehr ein Tempel der Geselligkeit. Man feiert dort Taufen, Hochzeiten und auch Beerdigungen.

UNDERSTAND YOUR DUTIES - Kläre genau ab, was du zu tun hast, welches deine Aufgaben sind, und welche Prioritäten dein Chef hat. Es ist absolut wichtig, dass du die Fachausdrücke deiner Branche lernst - auf Englisch natürlich.

DON'T

DON'T ARRIVE LATE – Sicherlich möchtest du nicht gleich zu Anfang einen schlechten Eindruck hinterlassen! In Städten wie London kann der öffentliche Nahverkehr sehr chaotisch sein. Was ich dir damit sagen will, überrascht dich vielleicht, aber Züge in Großbritannien halten den Verspätungsrekord in Europa. Geh also frühzeitig los und studiere vorher genau deine Fahrtroute und mögliche Alternativen.

DON'T PRETEND – Ich sage es dir bis zum Erbrechen: Tu nicht so, als ob du alles verstehst. Wenn du sagst: *"Sorry, I don't understand, could you please repeat that?"*, dann blamierst du dich damit nicht – IM GEGENTEIL! Engländer wissen es zu schätzen, wenn du das, was sie dir sagen, für wichtig nimmst. Es ist absolut gefährlich, wenn du so tust, als würdest du verstehen, denn früher oder später werden sie dich enttarnen – und dann stehst du richtig dumm da! Ein Satz, der mir sehr gefällt: *"Could you speak slowly, please? I'm still learning"*, beweist Seriosität und Engagement und wird immer geschätzt.

DON'T FORGET YOUR DOCUMENTS – Am ersten Arbeitstag an deiner neuen Stelle solltest du deinen Ausweis und andere wichtige Unterlagen nicht vergessen: Das Personalbüro benötigt vielleicht persönliche Daten wie deine Kontonummer. Vergewissere dich, dass du all deine Daten hast und sie auf Anhieb auf Englisch – eindeutig und korrekt – mitteilen kannst.

DON'T USE YOUR MOBILE PHONE AT WORK – Dein Handy solltest du nur dann nutzen, wenn es der Arbeit dient. Verwende dein Handy niemals für private Zwecke, es sei denn es ist absolut notwendig. Vielleicht gehörst du ja zu den Menschen, für die es undenkbar ist, auch nur fünf Minuten auf das Handy zu verzichten? In England betrachtet man das Handy jedenfalls als reine Privatangelegenheit für die Freizeit.

DON'T BE NOSEY - *In England nobody likes a gossip.* Auf Tratsch im Büro solltest du besser verzichten, sonst könntest du selbst ganz schnell zum Gegenstand des Geredes werden. Es ist auch empfehlenswert, nicht ständig mit den Kollegen zu reden und zu plaudern... Schließlich ist das Büro ja ein Arbeitsplatz.

AVOID

Von einer Liebesbeziehung mit einem Kollegen bzw. einer Kollegin würde ich dir abraten - es sei denn, es ist die wahre Liebe. Wenn du es aber absolut nicht lassen kannst, dann sei wenigstens diskret und vermeide es, die Aufmerksamkeit auf dich zu lenken. Du solltest dir darüber im Klaren sein, dass eine Liebesgeschichte mit einem Kollegen oder einer Kollegin, die in die Brüche geht, dich in eine schwierige und peinliche Lage bringen kann.
Vor Weihnachten finden in England die berühmten **'Office Partys'** statt.
Erinnerst du dich noch an Paul, diesen völlig schüchternen Typen aus der Logistikabteilung, der niemals redet; oder vielleicht an Jane, die am Empfang arbeitet, immer am Telefon und absolut professionell ist? Vergiss alles, was du über sie im Kopf hast. Wenn du zu einer gewissen Uhrzeit eintriffst, nachdem literweise Alkohol getrunken wurde, wirst du dich fragen, wo all diese seriösen und professionellen Engländer geblieben sind - denn du wirst einem Rudel betrunkener und außer Kontrolle geratener Affen gegenüberstehen.
Und sehr häufig paaren sich diese Affen.
Es ist erwiesen, dass sich dank der jährlichen 'Feste der englischen Primaten' sehr viele 'Unfälle' im Büro ereignen.

Ich empfehle dir, nicht über Politik, Religion und Fußball zu reden. Das ist mein ganz persönlicher Ratschlag, denn mit diesen drei Themen handelst du dir mit Sicherheit Schwierigkeiten ein.

OF COURSE OBAMA IS AN IDIOT,
HE IS A CHRISTIAN!

ANDREAS FINDET EINEN JOB

Andreas gets a job

Andreas befindet sich in der Londoner U-Bahn, mit der er zum ersten Mal unterwegs zum Hotel ist. Er ist spät dran! Wo ist der Zug? Er mustert seine Kleidung. Sein Bruder hatte ihm gesagt, er solle sich angemessen kleiden, also hat er sein - ziemlich löchriges - Lieblings-T-Shirt, Jeans und Flip-Flops angezogen.

Endlich ist er im U-Bahn-Waggon, wo er einen etwas älteren Herrn anrempelt, um sich auf den einzigen freien Platz zu setzen. Er muss bei *Piccadilly* aussteigen. Im Geist zählt er ab, wie viele Haltestellen noch fehlen und schaut auf sein Handy, wie spät es ist… er ist zu spät, viel zu spät…

Er rennt die Treppe zum Ausgang hoch. Wo ist das Hotel? Wie heißt es doch gleich nochmal? Er ruft Mark an, der aber sofort wieder auflegt. Mist! Mark hat ihm gesagt, er solle bei *Piccadilly* aussteigen, also muss es eines der Hotels in der Gegend sein. Aber die Straße ist VOLLER Hotels, eines am anderen, was soll er tun? Er wählt willkürlich eines aus und begibt sich im Laufschritt zur Rezeption.

Im Eingang prallt er auf eine Frau, die ihn böse anschaut. Aber Andreas hat keine Zeit; er ignoriert sie und rennt zur Rezeption.

“I'm Andreas!”, sagt er.
Ich bin Andreas!

SO HEISST ES RICHTIG

Weißt du noch? Wenn du dich persönlich vorstellst, sagst du “I am”, am Telefon dagegen “This is”.

Die Rezeptionistin starrt ihn verdutzt an.

"I 'm here for my new job. I start today."
Ich bin wegen meiner neuen Stelle hier. Ich fange heute an.

"What's your name again?", fragt sie.
Können Sie mir nochmals Ihren Namen sagen?

"Andreas."

"Your surname?", fragt sie geduldig.
Ihr Nachname?

"Surname? Aah, I know... Wolf!"
Nachname? Ach so... Wolf!

Die junge Frau ruft den Hoteldirektor an, um ihm zu sagen, dass ein gewisser Andreas Wolf an der Rezeption wartet..., der behauptet, er solle im Hotel arbeiten. Dann wendet sie sich wieder an Andreas und bittet ihn, einen Augenblick zu warten.

Zehn Minuten später erscheint ein Mann; Andreas fühlt sich unwohl. Es ist der Alte aus der U-Bahn. Dieser Tag wird zum Alptraum! Was kann denn noch alles schiefgehen?

"You're here for a job, young man? What job might that be?", fragt der ältere Herr
Sie sind einer Stelle wegen hier, junger Mann? Von welcher Stelle reden Sie?

"I came from Germany yesterday. I sent you an e-mail and my CV. This is my first day!", lächelt Andreas hoffnungsvoll.
Ich bin gestern aus Deutschland gekommen. Ich haben Ihnen eine E-Mail und meinen Lebenslauf geschickt. Das ist mein erster Tag!

SO HEISST ES RICHTIG

E-Mail und Lebenslauf wurden bereits verschickt. Der Vorgang ist abgeschlossen, deshalb brauchst du im Englischen hier das Imperfekt und nicht das Perfekt.

"Well, I'm sorry but we have no jobs here. You must have the wrong hotel."
Tut mir leid, aber wir haben keine freien Stellen. Sie müssen im falschen Hotel sein.

In diesem Moment kommt eine Frau um die Vierzig vorbei: "Hello Jimmy, who is this young man?", fragt die Frau.
Hallo Jimmy, wer ist dieser junge Mann?

Andreas weiß, dass die Engländer nicht gerade für ihre schicke Kleidung berühmt sind, aber der Aufzug dieser Frau hier schlägt dem Fass den Boden aus. Sie ist angezogen wie ein farbenblinder Affe, da passt nichts zusammen. Das ist ja zum Davonlaufen!

"What a beautiful dress you have, madam! It exalts your eyes so much", sagt Andreas, der alte Schlaumeier, bevor er ihre Hand küsst.
Was für ein schönes Kleid Sie anhaben, Madam! Es betont Ihre Augen so sehr.

Jimmy fällt nicht darauf herein. "He's German and he's looking for a job, madam. I'll show him out now..."
Er ist Deutscher und auf der Suche nach einem Job, Madam. Ich bringe ihn raus...

Die Frau betrachtet Andreas, der sie anschmachtet.
"Do you know the standard procedures regarding the hotel and catering business?"
Sind Sie mit den Standardmethoden im Hotel- und Gaststättengewerbe vertraut?

"What?", antwortet Andreas.
Was?

"You can start tomorrow."
Sie können morgen anfangen.

AUF DEM BODEN DER TATSACHEN

Reality check

Im Vereinigten Königreich musst du, um regulär arbeiten zu können, einen Antrag auf eine *National Insurance number* stellen. Diese Nummer benötigt dein Arbeitgeber, um die Steuern abzuführen, die für deine Stelle fällig sind und um die Beiträge zur *National Insurance* zu entrichten. Diese Beträge werden automatisch vom Gehalt einbehalten – die Summe, die dir ausbezahlt wird, ist also bereits das Nettoeinkommen.

Die *National Insurance number* zu beantragen, ist sehr einfach: Du gehst ins örtliche *Job Centre* - das ist, ähnlich wie in Deutschland, eine behördliche Arbeitsagentur - und vereinbarst einen Termin. Der Vorgang selbst besteht aus einem kurzen Gespräch, in dem du deine Identität nachweisen, deine Arbeitserlaubnis vorlegen (nur wenn du kein europäischer Staatsbürger bist) und belegen musst, dass du bereits ein Jobangebot hast oder zumindest auf Arbeitssuche bist. Den Nachweis über deine Arbeitssuche kannst du erbringen, indem du Unterlagen mitbringst, die belegen, dass du zum Beispiel bereits Vorstellungsgespräche hattest und nicht eingestellt wurdest.
Um alles zu erledigen, solltest du drei bis vier Wochen einplanen. Der britische *National Health Service* bietet für jeden, der in einen Unfall verwickelt oder ein medizinischer Notfall ist, kostenlose Unterstützung an. Der Personenkreis, der in den Genuss kostenloser medizinischer Versorgung kommt, umfasst:

- Personen, deren fester Wohnsitz im Vereinigten Königreich liegt
- Staatsbürger der Europäischen Union
- sämtliche Personen, die im Vorjahr im Vereinigten Königreich wohnhaft waren
- Personen, die im Besitz einer Arbeitserlaubnis sind
- Studenten, die einen mindestens 6-monatigen Kurs besuchen

Allerdings sind nicht alle medizinischen Dienste gratis: Für Rezepte, zahnärztliche Behandlung und Besuche beim Augenarzt fallen Kosten an.
Wenn du keiner der oben erwähnten Kategorien angehörst, solltest du eine Krankenversicherung abschließen, bevor du ins Vereinigte Königreich gehst - denn eine medizinische Behandlung ist sehr kostspielig!

Hast du das ganze Kapitel aufmerksam gelesen? Wähle für jede Frage die passende Antwort aus.

1. How should you prepare for your first day at a new job in London?

A Eat a big breakfast with eggs and bacon while listening to *Je t'aime*.

B Establish your routine: arrive some minutes late, read the paper for half an hour, take a coffee break chatting with colleagues, check what's happening on your Facebook wall and then start working if the boss is around.

C Study the company handbook and regulations carefully.

2. How should you greet your new British colleagues?

A Greet them with a smile and a firm handshake.

B Hug them tightly and kiss them on each cheek three times.

C Hide behind a large plant as soon as you see them. If they see you, just keep frowning until they go away.

3. On your first day at work a colleague asks if you are married and have children. How do you respond?

A "Mind your own business!"

B "I'm married with six children, but tonight I'm free. Would you like to go for a drink?"

C "I'm married with a baby girl... and what about you? Do you have a family?"

4. You don't know where your boss's office is. What do you do?

A Kindly ask a colleague for directions and try to remember what he/she tells you. If you have a bad memory, just take a note.

B Nothing. It isn't important to you. If the boss needs to talk to you, he has to come to your office.

C Shout your boss's name very loudly until he comes out into the corridor.

5. How can you get to know your colleagues better?

A Never accept any invitation because you hate English food. You don't want to have people who like such disgusting food as friends.

B Go to the pub and drink as much as you can in the shortest time possible. You will quickly smell of drink and say very stupid things. Then drive your car, this is a good way to meet the local police.

C Accept your colleagues' invitations to lunch or to the pub after work with a smile.

6. What should you do if you don't understand something?

A Cry and call your mum at home, telling her that British people are so unfriendly and do their best to make you feel unwelcome.

B Shout: "Fire!" and run for the exit.

C Ask them politely to repeat the phrase.

7. What are the rules regarding mobile phones in the office?

A Use your mobile phone to send jokes to all your colleagues during working hours; you will become very popular in the office and they'll love you. If you send jokes to your boss, too, you may expect a pay rise.

B Use your mobile only for business calls and only if necessary.

C You can't own a mobile phone if you work in an office; if you have one, throw it away immediately the moment you get the job.

EXPECTING - Erwarten, rechnen mit: *I expected the worst*, ich habe mit dem Schlimmsten gerechnet.

TO TAKE A SEAT - Platz nehmen

AT LAST - endlich, schließlich

I'M LOOKING FORWARD - Ich freue mich.

Der Satz wird so gebildet: *I'm looking forward + to + Verb + -ing*.

COME THIS WAY - Hier entlang. Wenn du jemandem den Weg zeigen möchtest, sagst du bitte nicht *Follow me*. Das ist... unsympathisch.

LIFT - Aufzug; leitet sich ab vom Verb *lift*, das anheben bedeutet. In den Vereinigten Staaten heißt der Aufzug *elevator*.

TO GET SETTLED - sich niederlassen, sich eingewöhnen, sich einleben

TO GO THROUGH - Dieses *phrasal verb* bedeutet 'durchgehen'. In diesem Fall heißt es, dass Marks neuer Kollege mit ihm zusammen alle Sicherheitsvorschriften anschauen, also 'durchgehen', möchte.

NOSEY - neugierig, naseweis

AVOID - vermeiden

CHAPTER

6

In a hotel

At the reception
Useful phrases
Getting a room
for the night
Calling room service
Checking out of the hotel

CHAPTER SIX

In a hotel

Mrs Peters geht mit Andreas zur Rezeption, wo sie auf Jimmy treffen.

"I've decided that Andreas will start here at the reception. Will you **look after** him, please?"
Ich habe beschlossen, dass Andreas hier an der Rezeption anfangen wird. Kümmerst du dich bitte um ihn?

Mrs Peters lächelt Andreas an und geht dann.

Jimmy schüttelt den Kopf, er kann es nicht glauben. "I'm going to get a coffee."
Ich gehe mir einen Kaffee holen.

Andreas schaut Jimmy nach. Plötzlich realisiert er, dass er einen Job hat! Er kann es nicht fassen!

Das Telefon klingelt. Andreas nimmt das Gespräch entgegen.
"Andreas Wolf speaking..."
Andreas Wolf am Apparat...
"I don't care who you are!!! Where is my newspaper? I've been waiting for it for over an hour!"
Es ist mir piepegal, wer Sie sind!!! Wo ist meine Zeitung? Ich warte seit über einer Stunde auf sie!
Andreas versteht nur ein einziges Wort. "Newspaper?"
Zeitung?
"I ordered the morning paper. Where is it?"
Ich habe die Morgenzeitung bestellt. Wo ist sie?
"Ah. Jimmy has not returned with the papers yet. He'll be back soon... I'm very sorry..."
Ah. Jimmy ist noch nicht mit den Zeitungen zurück. Er wird bald kommen... Es tut mir sehr leid...

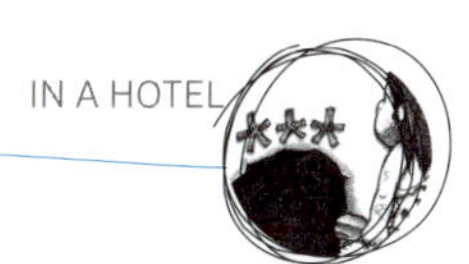

Andreas hat den Hörer gerade wieder aufgelegt, als ein Paar mittleren Alters das Hotel betritt. Andreas lächelt die beiden breit an, während sie sich dem Tresen nähern.

“We have a reservation”, sagt der Mann.
Wir haben reserviert.
Andreas lächelt noch mehr.
“I said we have a reservation!”, wiederholt der Mann.
Ich habe gesagt, dass wir reserviert haben!
“Yes”, nickt Andreas “what is your room number?”
Ja, welche Zimmernummer haben Sie?

SO HEISST ES RICHTIG

Vor dem Pub: “*Which one is your car?”* Welches (unter denen, die hier stehen) ist dein/Ihr Auto? “Keines, ich bin mit dem Fahrrad gekommen!” *Which* verwendet man, wenn man zwischen einer begrenzten Menge an Alternativen die Wahl hat, *what* für eine unbegrenzte Auswahl.

“That’s what we want to know!!!” Der Mann wird langsam nervös.
Genau das wollen wir wissen!!!
Andreas fragt sich, was er tun soll. Er schaut in den Computer.
“Name?”, fragt er.
Name?

“Mr. and Mrs Steelpeach.”
Herr und Frau Steelpeach.

Zum Glück kommt Jimmy zurück und nimmt sich sofort der Sache an.
“Can I help you, sir? The boy here is new today... I hope he wasn’t...”
Kann ich Ihnen helfen, Sir? Der junge Mann hier ist seit heute neu... Ich hoffe, er war nicht...
“No, no... we have a reservation for today.”
Nein, nein... wir haben für heute reserviert.

"Could you give me the name of the reservation, please?", fragt Jimmy.
Könnten Sie mir bitte den Namen geben, auf den die Reservierung läuft?
"It's Steelpeach. I just told your boy here."
Steelpeach. Ich habe es gerade Ihrem jungen Mann hier gesagt.
"I see", lächelt Jimmy. "Well, you're in room 56. I'm afraid I can't give you the key as the room is still being cleaned. Perhaps you would like to leave your bags here for the moment and wait in the bar area."
Okay, Sie sind in Zimmer 56. Ich fürchte, ich kann Ihnen den Schlüssel nicht geben, weil das Zimmer noch gereinigt wird. Vielleicht möchten Sie für den Moment Ihre Taschen hier lassen und an der Bar warten.
Die Kunden gehen an die Bar.

Jimmy schaut Andreas in die Augen: "You learn quick here, boy... or you get sacked. Understand?"
Du lernst hier schnell, Junge... oder du wirst gefeuert. Verstanden?

gefeuert: **sacked** - UK **fired** - USA

"Listen, I want to try. OK?", antwortet Andreas.
Hören Sie, ich möchte es versuchen, okay?
"OK. But listen to me. If you learn quickly and work hard... we'll get on well... now go and buy some shoes... your flip flops are making a terrible noise on the parquet!"
Okay. Aber pass auf. Wenn du schnell lernst und hart arbeitest..., dann werden wir gut miteinander auskommen... Geh jetzt und kauf dir Schuhe... Deine Flip Flops machen einen schrecklichen Lärm auf dem Parkett!

AN DER REZEPTION

At the reception

Auf den folgenden Seiten findest du eine Zeichnung einer Hotelrezeption. Hier findest du eine Zusammenstellung von Vokabeln, die dir bei deiner nächsten Auslands-Geschäftsreise nützlich sein könnten.

1 RECEPTION DESK - Rezeption

2 RECEPTIONIST - Rezeptionist, Person am Empfang

3 BELL - Glocke

4 PORTER (UK) / BELLHOP (USA) - Hoteldiener

5 KEY - Schlüssel

6 HALLWAY - Flur

7 SAFE - Tresor

8 STAIRCASE - Treppenhaus

9 LIFT (UK) / ELEVATOR (USA) - Aufzug

10 LUGGAGE - Gepäck

11 ENTRANCE - Eingang

12 LOUNGE - Lounge, Hotelhalle

13 ROOMS - Zimmer

14 LOBBY - Hotellobby, Eingangsbereich

RECEPTION
ROOMS
13
7
2
3
5
1
9
6

LOUNGE
12
11
4
8
14
HOTEL
10

NÜTZLICHE SÄTZE

Useful phrases

I'd like to make a **reservation** for three nights.
Ich würde gerne für drei Nächte reservieren.

I'd like **to book** a room for one week.
Ich würde gerne ein Zimmer für eine Woche reservieren.

I'd like a single / double / twin-bedroom, please.
Ich hätte gerne ein Einzelzimmer / Doppelzimmer / Zweibettzimmer (mit getrennten Betten).

Would you like a room with a bath or a shower, sir?
Hätten Sie gerne ein Zimmer mit Badewanne oder mit Dusche, Sir?

How much is the room per night?
Wie viel kostet das Zimmer pro Nacht?

It's £80 per night including breakfast.
Es kostet £80 pro Nacht, inklusive Frühstück.

I can't find your booking. Did you make your booking online?
Ich kann Ihre Reservierung nicht finden. Haben Sie online gebucht?

I have the booking reference here.
Ich habe die Buchungsnummer hier.

Oh, yes sir. Here is the booking. I do apologise.
Oh, ja. Hier ist die Reservierung. Bitte entschuldigen Sie.

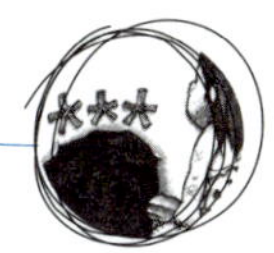

Everything **is in order**. / Everything is all right.
Es ist alles in Ordnung.

Could I have a **wake up call** at 8 o'clock, please?
Könnte ich bitte um 8 Uhr telefonisch geweckt werden?

How long will you be staying?
Wie lange werden Sie bleiben?

I'll be here for three nights.
Ich werde drei Nächte bleiben.

Here is your room key. You are in room 378 on the third floor.
Hier ist Ihr Zimmerschlüssel. Sie sind in Zimmer 378 in der dritten Etage.

Please, take the lift on your right.
Bitte nehmen Sie den Aufzug auf der rechten Seite.

You can **check in** from 11.00 am.
Sie können ab 11.00 Uhr einchecken.

Check out time is 10.00 am.
Der Check-out ist bis 10.00 Uhr möglich.

Your room hasn't been cleaned yet.
Ihr Zimmer wurde noch nicht gereinigt.

Do you have any luggage, madam?
Haben Sie Gepäck, Madam?

Yes, we have three bags / suitcases, over there.
Ja, wir haben drei Taschen / Koffer dort drüben.

The **porter** will show you to your room.
Der Hoteldiener wird Ihnen Ihr Zimmer zeigen.

Let me know if you need / require **anything else**.
Geben Sie mir Bescheid, wenn Sie noch etwas brauchen / benötigen.

Do you have a restaurant (in the hotel)?
Haben Sie ein (Hotel)Restaurant?

Yes, there is a four star restaurant and a buffet in the bar area at lunch time.
Ja, wir haben ein Vier-Sterne-Restaurant und über Mittag ein Büffet in der Hotelbar.

We hope you enjoy your **stay**!
Wir wünschen Ihnen einen angenehmen Aufenthalt!

Thank you very much.
Vielen Dank.

Exercise

Vervollständige bitte diese Sprechblasen, indem du unter den Vorschlägen den richtigen auswählst. Pass auf – nicht alle Sätze werden benötigt!

How long will you be staying?
Do you have any luggage, sir?
I have the booking reference here.
We hope you enjoy your stay!
Could I have a wake up call at 7 o'clock, please?
Yes, there is a restaurant and a buffet in the bar area.
I'd like a double room for tonight, please.

1

EXERCISE

2
DO YOU HAVE A RESTAURANT?
3
YES, I HAVE
TWO SUITCASES HERE.
4
SURE,
MADAM!

EIN ZIMMER FÜR EINE NACHT NEHMEN

Getting a room for the night

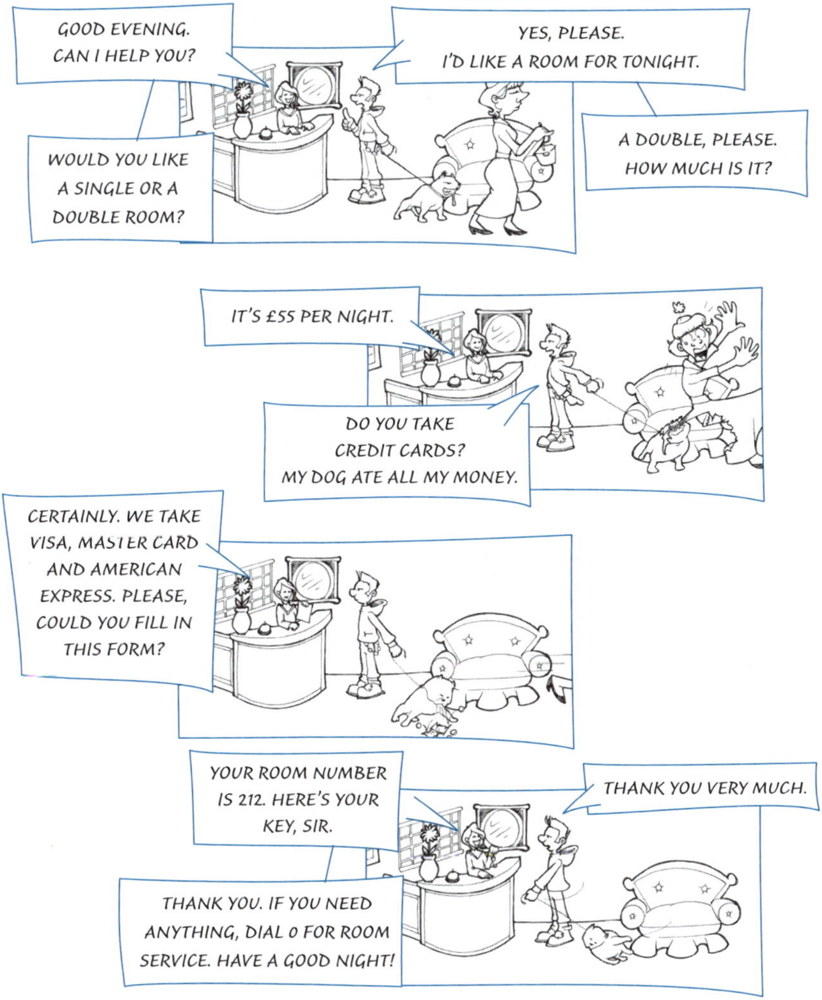

GOOD EVENING. CAN I HELP YOU?

YES, PLEASE. I'D LIKE A ROOM FOR TONIGHT.

WOULD YOU LIKE A SINGLE OR A DOUBLE ROOM?

A DOUBLE, PLEASE. HOW MUCH IS IT?

IT'S £55 PER NIGHT.

DO YOU TAKE CREDIT CARDS? MY DOG ATE ALL MY MONEY.

CERTAINLY. WE TAKE VISA, MASTER CARD AND AMERICAN EXPRESS. PLEASE, COULD YOU FILL IN THIS FORM?

YOUR ROOM NUMBER IS 212. HERE'S YOUR KEY, SIR.

THANK YOU VERY MUCH.

THANK YOU. IF YOU NEED ANYTHING, DIAL 0 FOR ROOM SERVICE. HAVE A GOOD NIGHT!

LESSON

DEN ZIMMERSERVICE RUFEN

Calling room service

CHECK-OUT AUS DEM HOTEL

Checking out of the hotel

Receptionist: Good morning. Can I help you?
Guest: Yes, I'd like to check out please. The name is Bonehead, room 212.
Receptionist: One moment, sir... let me see. It comes to £3500. You can check the details on the bill... here you are, sir.
Guest: What's this item here?
Receptionist: That's the Chippendale dresser your dog destroyed.
Guest: Wow! Was that a Chippendale?
Receptionist: Yes. Then there's £24 for the phone calls you made from your room.
Guest: £24???... Ok, can I pay by credit card?
Receptionist: Certainly, sir. May I have your passport, please?
Guest: Here you are.
Receptionist: Could you sign here for me?
Guest: Sure.
Receptionist: Here is your receipt, sir. I hope you enjoyed your stay with us!
Guest: We did, thank you. Goodbye.

LOOK AFTER - Dieses *phrasal verb* bedeutet 'sich um jemanden kümmern' .

RESERVATION - Die Reservierung (in den Vereinigten Staaten); im *British English* sagt man *booking*.

TO BOOK - Reservieren, buchen

TO BE IN ORDER - In Ordnung sein. Nicht zu verwechseln mit: 'etwas bestellen' - das heißt im Englischen *to order something*.

WAKE UP CALL - Der Weckruf, den man an der Hotelrezeption in Auftrag geben kann..., also wenn du durch das Klingeln deines Zimmertelefons geweckt werden willst.

CHECK IN - Auch im Deutschen verwendet man diesen Begriff für die Anmeldung bei der Ankunft in einem Hotel.

CHECK OUT - Das ist der Moment, in dem du das Hotel verlässt, also wenn du den Schlüssel zurückgibst und die Rechnung bezahlst.

PORTER - Der Hoteldiener. Mit diesem Wort bezeichnet man aber auch den Portier eines Hotels.

ANYTHING ELSE - Noch etwas

STAY - Aufenthalt. Das Verb *to stay* bedeutet 'bleiben'.

CHAPTER

7

Small talk

CHAPTER SEVEN

Small talk

Susan hört Mark aufmerksam zu.
"... but I didn't know that Andreas had taken my car without telling me. So, when the Police called, I didn't know what to tell them!"
... aber ich wusste nicht, dass Andreas mein Auto genommen hatte, ohne es mir zu sagen. Als die Polizei anrief, wusste ich also nicht, was ich ihnen sagen sollte!
Während Susan lacht, klingelt das Telefon.
"Hello, this is Mark Wolf speaking, how can I help you?"
Hallo, Mark Wolf am Apparat, wie kann ich Ihnen weiterhelfen?

"Ich bin's."
"Was gibt's, Andreas?"
"Nichts, ich habe den Job bekommen... Äääh – sie haben gesehen, wie professionell und seriös ich bin – ganz zu schweigen von meiner Ausstrahlung, meiner Intelligenz und meinem Umgang mit Menschen."
Mark hat den Verdacht, dass eine Frau mit im Spiel ist: "Gut, gut", antwortet er.
"Are you talking to our German colleagues, Mark?"
Sprechen Sie mit unseren deutschen Kollegen, Mark?
Einen Augenblick lang bleibt Marks Herz stehen. Er beendet das Gespräch sofort. Es ist die Stimme seines Chefs.
"No, sir."
Nein.
"Please, make personal calls in your own time. Is that clear?"
Bitte führen Sie Privatgespräche in Ihrer Freizeit. Ist das klar?
"Yes, sir... sorry, sir."
Ja,... es tut mir leid.

Susan senkt den Kopf und versucht, sich hinter ihrem Laptop zu verkriechen.
"See? Even when I'm working he causes me problems!"
Siehst du? Selbst wenn ich arbeite, bringt er mich in Schwierigkeiten!
Susan lacht erneut.
"Please, Mark, I have to meet this famous brother of yours."
Bitte Mark, ich muss deinen berühmten Bruder kennenlernen.
"What??? Ok, come and eat with us tonight if you wish, but I warn you, you'll regret it!"
Was??? Okay, komm und iss mit uns heute zu Abend, wenn du möchtest, aber ich warne dich – du wirst es bereuen!

CHAPTER

8

On the computer

CHAPTER EIGHT

On the computer

Andreas betritt das Sloane Square Hotel – es ist sein zweiter Arbeitstag. Er trägt ein eng anliegendes T-Shirt, Jeans, Flip-Flops und ein breites Lächeln auf dem Gesicht. Das Lächeln verschwindet in dem Augenblick, in dem er Jimmys Gesicht erblickt.
"What do you think this is?! A holiday camp?", fragt Jimmy wütend.
Was glaubst du denn, was das hier ist?! Ein Ferienlager?!
Andreas ist erstaunt.
"Come with me!"
Komm mit mir!
Andreas folgt ihm mit gesenktem Kopf. Er fühlt sich in seine Kindheit zurückversetzt. So ist es ihm nicht mehr ergangen, seit er als 8-jähriger die Fensterscheibe in der Schule zerbrochen hat. Und während ihm die über die Erde verstreuten Glasscherben und der Ball, aus dem langsam die Luft entweicht, in den Sinn kommen, wird es um ihn herum stockdunkel.
Und es riecht nach Mottenkugeln.
"Mottenkugeln?! Träume ich? Hat mir der Alte jetzt wirklich ein Hemd an den Kopf geworfen?!", denkt Andreas. Er will gerade den Mund öffnen, um sich zu beschweren, als ihm auch noch eine dunkle Hose und zwei schwere, schwarze Schuhe entgegengeschleudert werden.
"**Get changed**!", ruft Jimmy.
Zieh dich um!

Nachdem Andreas sich umgezogen hat, stellt Jimmy ihn Kristen vor, die Frühschicht hat.
"Kristen, I'd like you to help Andreas here... explain to him how to take bookings, check people in and out, the usual **stuff**."
Kristen, ich hätte gerne, dass du Andreas hier hilfst... Erkläre ihm, wie man Buchungen vornimmt, Gäste ein- und auscheckt – das Übliche eben.
Kristen studiert das neue Outfit von Andreas mit Interesse. "German style?"
Trägt man das in Deutschland?
Andreas schaut zu Jimmy. "Aber sie verar... mich."

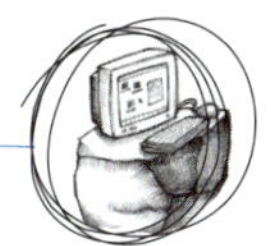

“Sit down!”, unterbricht ihn Jimmy.

Setz dich!

Andreas setzt sich neben sie, an den Computer.

Er starrt auf den Bildschirm. “What’s this?”, fragt er.

Was ist das?

“This is the hotel management software. It’s simple. This page shows which rooms are occupied. Look! You see... each **box** is a room, inside the box are the names of the guests. Look along the line and you see when they arrived, the date they will leave, extras they have asked for, the price of the room, any discounts and the final price. But don’t worry, it is all automatic.”

Das ist die Hotel-Management-Software. Es ist einfach. Diese Seite zeigt an, welche Zimmer belegt sind. Schau! Siehst du... jedes Kästchen steht für ein Zimmer, im Kästchen steht der Name der Gäste. Schau dir diese Zeile an, und du siehst, wann sie angekommen sind, wann sie abreisen, welche Extras sie bestellt haben, den Zimmerpreis, eventuelle Rabatte und den Endpreis. Aber keine Sorge – das geht alles automatisch.

“Automatic?”, kommentiert Andreas, erleichtert, dass das automatisch funktioniert – denn er versteht nur Bahnhof.

“It’s really simple... see this toolbar, it’s a navigation bar. You click on reservations and this page comes up.”

Es ist wirklich einfach... Siehst du diese Werkzeugleiste? Das ist eine Navigationsleiste. Du klickst auf Reservierungen, und dann erscheint diese Seite.

Urplötzlich tut sich etwas auf dem Bildschirm. Die Namen und Ankunftsdaten für drei Zimmer tauchen ganz von alleine auf.

“You see... it is automatic. We do nothing... most of the time. It’s important only when someone comes in without a reservation. We book them in. And then checking out...”, Kristen berührt Andreas’ Schulter, führt den Mauszeiger wieder zur Werkzeugleiste und klickt das Check-out-Icon an.

Siehst du... es geht automatisch. Wir machen nichts...die meiste Zeit. Das ist nur nötig, wenn ein Gast ohne Reservierung eintrifft. Dieser wird dann eingebucht. Und dann der Check-out...

Andreas starrt geistesabwesend auf den Monitor, als die Checkout-Seite erscheint "Here it is automatic, too. When a customer wants to pay his **bill**, you hit this button. See? This one where it says: 'PAYMENT'."
Auch das funktioniert automatisch. Wenn ein Gast seine Rechnung bezahlen will, drückst du diese Taste. Siehst du? Die mit der Aufschrift: 'PAYMENT'.

Andreas betrachtet seine Schuhe: "Du meine Güte, die sind ja wirklich schrecklich!"

"You click the 'PAYMENT' icon and the bill is printed over there... that's for the customer. They can check the details of extras and discounts. You ask them how they want to pay... but usually it is already written here. You see... it says 'credit card' and all the details are there. See?"
Du klickst das 'PAYMENT'-Icon an, und die Rechnung wird dort drüben ausgedruckt... die ist für die Gäste. Sie können dann die Einzelheiten zu den Extras und Rabatten überprüfen. Du fragst, wie sie bezahlen möchten... aber normalerweise steht das schon hier. Siehst du... hier steht 'Kreditkarte', und dort stehen alle Details. Siehst du?
Andreas versteht nichts von dem, was Kristen sagt, aber er macht sich keine Sorgen. Er wird es schon lernen, wenn er ihr bei der Arbeit zuschaut..
"So you ask for their credit card and put it in the card reader here... in this **slot**. See?"
Du fragst also nach der Kreditkarte und steckst diese in das Kartenlesegerät... in diesen Schlitz. Siehst du?
Andreas bemerkt, dass sie einen wunderschönen Mund hat. Ein Zahn steht ein wenig vor, er will sich nicht so recht einfügen. "Dieser Zahn, das bin ich", denkt Andreas. "Sie wollen mich anpassen. Sie wollen ein perfektes Lächeln, aber..."
"Then you enter the **figure** from the computer screen here, press here, here and here. Wait for the receipt, then ask the guest to sign, and you check the signature against their card or passport. Finally you give them their copy of the receipt and wish them a good day!", beendet Kristen ihre Ausführungen und schenkt Andreas ein strahlendes Lächeln. "See?"

Dann tippst du die Zahl vom Bildschirm hier ein, drückst hier, hier und hier. Du wartest auf den Beleg, dann bittest du den Gast zu unterschreiben und vergleichst die Unterschrift mit der auf der Karte oder dem Ausweis. Zum Schluss gibst du ihnen eine Kopie des Belegs und wünschst ihnen einen guten Tag! Siehst du?

"Of course!", antwortet Andreas.

Selbstverständlich!

"Sometimes we have e-mails to answer. People write and ask for details about the hotel facilities, sometimes they complain... Well, quite often, actually..."

Manchmal gibt es E-Mails zu beantworten. Die Leute schreiben uns und möchten Näheres über die Hotelausstattung wissen; manchmal beschweren sie sich... Na ja, eigentlich ziemlich oft...

Kristen ist noch nicht fertig. "Look...", fährt sie fort und zeigt wieder auf die Navigationsleiste. "This is the E-mail icon... It's simple enough. We will now look at the Inbox and see if there are any new messages."

Schau... das ist das E-Mail-Icon... es ist ziemlich einfach. Wir schauen jetzt in den Posteingang, ob es neue Nachrichten gibt.

In diesem Augenblick kommt Jimmy zurück.

"How are you getting on here?", fragt er.

Wie läuft's hier?

"We're just looking at the e-mails, sir", antwortet Kristen.

Wir schauen uns gerade die E-Mails an, Sir.

"That's great!", sagt Jimmy. "Let's see what Andreas can do!"

Super! Schauen wir mal, was Andreas tun kann!

COMPUTERLEKTION

Computer lesson

THE DESKTOP

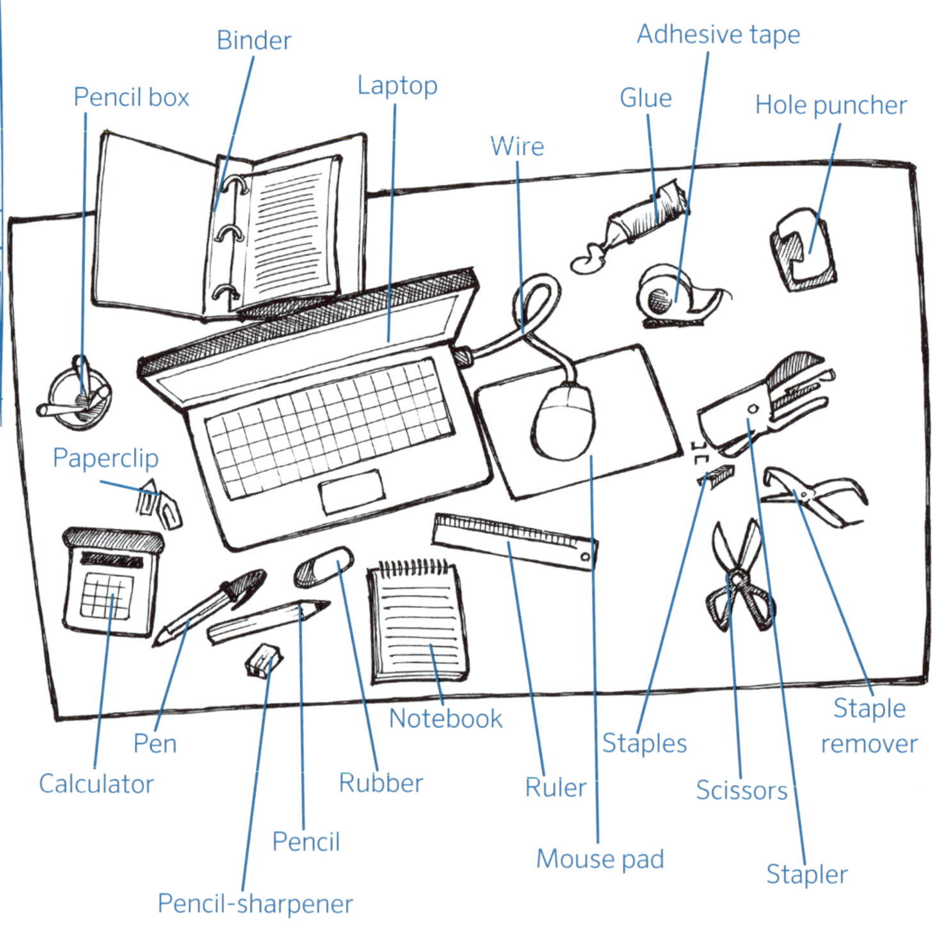

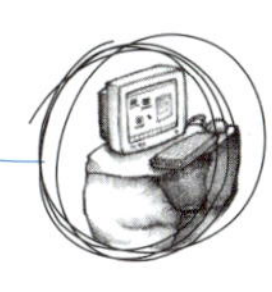

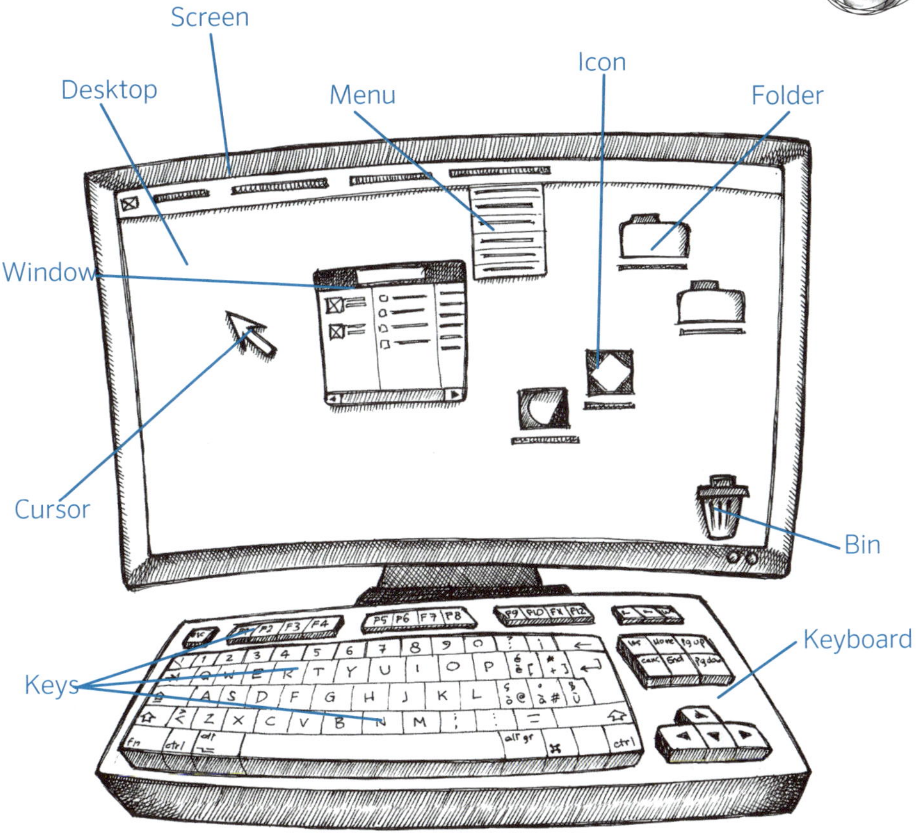

Screen
Desktop
Menu
Icon
Folder
Window
Cursor
Bin
Keyboard
Keys

Symbols

\ Backslash
! Exclamation mark
“” Quotation marks
£ Pound symbol
$ Dollar symbol
% Percent
& Ampersand
/ Slash
(Open bracket
) Close bracket
[ ] Square brackets

= Equals sign
? Question mark
’ Apostrophe
hash key
* Asterisk
. Dot
, Comma
: Colon
; Semi-colon
... Ellipsis
- – Dash

@ At sign
^ Caret
° Degree
§ Section sign
¶ Pilcrow
© Copyright symbol
® Registered trademark
™ Trademark
à è ì ò ù... Stressed vowels

LESSON

DATENVERARBEITUNG IN DEN WOLKEN

Cloud computing

Die Arbeitswelt unterliegt zur Zeit einem rapiden Wandel. Die meisten Unternehmen verfügen über ein *IT Network* (Intranet). Um damit zu arbeiten, musst du dich mit deinem *user name* (Benutzernamen) und einem *password* (Passwort) anmelden - *log in*. Dann erhältst du Zugang zu deinen *folders* (Ordnern) und *files* (Dateien). Ein großer Vorteil dieses Systems liegt darin, dass du - wo auch immer du bist - damit arbeiten kannst, sofern du über einen mit dem Intranet verbundenen Computer verfügst.

Das Internet bietet heute eine wirtschaftliche und zugleich praktische Lösung: *cloud computing*. Im Wesentlichen können hierbei die Programme und Daten, mit denen du arbeitest, an einem Ort abgespeichert werden, der sich räumlich nicht auf deinem Computer, sondern "in den Wolken" - also im Netz - befindet. Internetdienste wie *Google Drive*, *Dropbox* und *Microsoft Skydrive* bieten zusätzlichen *storage* (Speicherplatz) übers Internet an. Viele dieser Dienste sind kostenlos; es genügt, sich online zu registrieren.

Cloud computing hat den enormen Vorteil, dass deine Dateien immer verfügbar sind; du musst nur mit dem Internet verbunden sein. Du kannst eine *application* oder *app* (Anwendung) - also ein Programm - nutzen und auf die dort abgespeicherten Ordner und Dateien direkt von deinem Computer zugreifen. Außerdem kannst du auch Daten mit anderen Nutzern teilen; das ist sehr hilfreich, wenn die Arbeitsplätze nicht am selben Ort liegen. Mehrere Personen haben Zugriff auf dieselben Dateien und können diese gemeinsam bearbeiten und stets aktualisieren. Aber sei vorsichtig, damit nicht ausgerechnet du der chaotische Kollege bist, der versehentlich etwas löscht!

Im Allgemeinen stellen diese Dienste kostenlosen Speicherplatz (1-5 GB) zur Verfügung, aber du kannst gegen Bezahlung auch mehr bekommen.

Storage units

Kilobyte (kB)	1,000 Bytes
Megabyte (MB)	1,000 Kilobytes
Gigabyte (GB)	1,000 Megabytes
Terabyte (TB)	1,000 Gigabytes

REGISTRIERUNG

Registration

Sehr viele Internetseiten verlangen eine Registrierung: für den Zugang zum *cloud computing*, um *plug ins* oder *fonts* herunterzuladen, ein neues E-Mail-Postfach zu bekommen, etc.. Normalerweise ist eine Online-Registrierung ganz einfach durchzuführen - also kein Grund zur Panik. Wenn du dich bei einer Internetseite registrierst, musst du ein *form* (Formular) ausfüllen - *fill in*. Dabei wird nach *personal details* (Angaben zur Person), wie dem Namen, der E-Mail-Adresse, dem *user name* und dem *password* gefragt.

RECHERCHE

Research

Search engine - so sagen die Engländer zu einer 'Suchmaschine'. Die weltweit bekanntesten sind *Google*, *Bing* und *Yahoo*. Sie sind ganz einfach zu bedienen. Auf den entsprechenden Internetseiten findest du eine *text box* (ein Eingabefeld), in die du deine *key words* (Schlüsselwörter) eingibst. Dann klickst du auf den *search button* (Suchtaste). Hast du das gemacht, musst du nur noch darauf warten, dass die Trefferliste auf deinem Bildschirm angezeigt wird. Du kannst auch nach *images* (Bildern), *videos* (Videos), *maps* (Land- bzw. Straßenkarten), *news* (Nachrichten), etc. recherchieren. Suchst du eine Lösung für ein Problem, hegst du Zweifel an etwas, bist du neugierig... oder hast du einfach nur eine Frage, die du dich nicht zu stellen traust, dann gibt es auch hierfür eine Lösung. Auf Seiten wie *Yahoo Answers* kannst du Fragen jeder Art und zu jedem nur denkbaren Thema stellen.
Wenn du aber eine Expertenmeinung brauchst oder tiefer ins Detail gehen möchtest, kannst du *Quora* nutzen: Dort beantworten qualifizierte Fachleute deine Fragen.
Man kann auch Online-Dienste wie *Gartner Dataquest* abonnieren, die Daten und Prognosen über kurzfristige Entwicklungen in der Industrie liefern, bevor diese in den Zeitungen veröffentlicht werden.

ARBEIT MIT NETZWERKEN

Networking

Der Umgang mit Netzwerken ist heutzutage ein wichtiger Bestandteil unserer Arbeitswelt. Der bekannteste *Networking*-Dienst (unter *networking* versteht man das Schaffen eines Netzes von Kontakten) heißt *LinkedIn*. Hier kann man sich als Berufstätiger oder Freiberufler registrieren, sich an *discussions* (Diskussionen) beteiligen, *join groups* (sich einer Gruppe anschließen) und Berufskollegen oder sogar neues Personal finden. Oft werden diese Dienste von *head hunters* ("Kopfjägern" – also Personalvermittlern) genutzt, die dort potentielle Bewerber für das eigene Unternehmen oder für die Mitarbeit in einem Betrieb suchen.

GRUNDWORTSCHATZ COMPUTER

Basic computer glossary

HARDWARE

Es gibt verschiedene Arten von Computern, die sich durch ihre Größe und ihren Verwendungszweck unterscheiden:

MAINFRAME – Leistungsstarker Computer, der das Firmennetzwerk verwaltet und Daten archiviert.

WORKSTATION – Computer für Angestellte, der mit dem *Mainframe* verbunden ist.

PC – PERSONAL COMPUTER – Einzelcomputer für ein kleines Unternehmen (oder für den Hausgebrauch).

LAPTOP, NOTEBOOK, NETBOOK – Tragbare Computer in verschiedenen Größen.

TABLET – Kleiner Computer, der über einen Touch Screen verfügt und weder eine Tastatur, noch eine Maus hat.

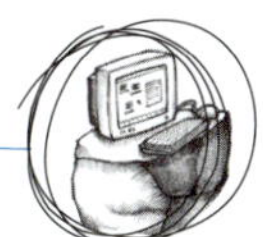

PALM TOP / PDA - Sehr kleines tragbares Gerät, mittlerweile durch die Verbreitung von *smartphones* überholt.

SOFTWARE

DATA - Die Daten auf deinem Computer befinden sich auf einer *hard disk*.
FOLDER - Der Ordner, der die *files* enthält.
FILE - Das einzelne Dokument mit den Daten (das können Bilder, Wörter, Zahlen usw. sein).
Es gibt zahlreiche Dateitypen, die man anhand ihrer *filename extension* (dem Dateizusatz - in der Regel drei Buchstaben, die auf den Punkt am Ende des Dateinamens folgen) identifizieren kann. Die gängigsten sind:
DOC - Textdokument
JPG / PNG / GIF - Bilddatei
MP3 / WAV - Audiodatei
PDF - Spezielles Dokumentenformat, insbesondere für den Druck, und bestens geeignet zur Übermittlung per E-Mail.

INTERNET TERMS

BROWSER - Programm zum Surfen im Internet bzw. zur Visualisierung von Internetseiten.
DOWNLOADING - Herunterladen von Dateien aus dem Netz auf einen Computer.
UPLOADING - Hochladen von Dateien von einem Computer ins Netz.
FIREWALL - Schutzsystem, das Rechner oder Systeme, die mit dem Netz verbunden sind, gegen unerwünschte Zugriffe abschirmt.
HTML (HYPERTEXT MARKUP LANGUAGE) - Im Web verwendete Programmiersprache.
URL (UNIFORM RESOURCE LOCATOR) - Adresse, unter der Dateien im Internet dargestellt werden.
LINKS - Vernetzung mit anderen Internetseiten.
SERVER - Verwaltet Daten und Informationen, die im Netz übermittelt werden.

GET CHANGED – Sich umziehen. *To change* dagegen bedeutet 'sich ändern'.

STUFF – Zeug – ein allgemeiner Begriff, mit dem alles Mögliche bezeichnet wird. Wenn du nicht weißt, wie man eine bestimmte Sache nennt, sag einfach *stuff* – damit liegst du mit Sicherheit richtig.

BOX – In diesem Fall ist ein Kästchen gemeint; ganz allgemein ist *box* eine Schachtel.

BILL – Die Rechnung.

SLOT – Schlitz. *Slot machines* sind nach ihrem Geldeinwurfschlitz benannt.

FIGURE – Achtung – bei diesem *false friend* musst du genau hinschauen! *Figure* bedeutet zwar auch 'Figur, Form', aber wenn die Rede von Geld oder Zahlen ist, dann ist damit eine Ziffer gemeint.

CHAPTER

9

Writing e-mails

"Make it" & "fit in"
"Notice" & "notify"
Writing e-mails
Checklist
Top tips for writing e-mails
Complaints
Making a request

CHAPTER NINE

Writing e-mails

“Warum bist du eigentlich so wütend?”, ruft Andreas aus dem Badezimmer.
“Weil du mich wegen nichts und wieder nichts bei der Arbeit angerufen hast und mein Chef mich dabei erwischt hat. Hättest du mir keine E-Mail schicken können?... Und bitte sprich nicht mit mir, während du auf der Toilette sitzt... das kann ich nicht ausstehen!”, antwortet Mark.
“Nervst auch du mich jetzt mit diesen E-Mails?”, fragt Andreas.
”Häh?”, erwidert Mark.
“Ach nichts... ich soll an meinem Arbeitsplatz E-Mails auf Englisch beantworten”, antwortet Andreas, während er versucht, sich im Spiegel zu betrachten, der noch vom Dunst der Dusche beschlagen ist.

“Und wo liegt das Problem?”, fragt Mark.

Andreas bewundert sich im Spiegel, als dieser von der Mitte her langsam aber sicher wieder frei wird und sein faszinierendes Gesicht erscheint. Er ist ganz hingerissen von seinem Abbild, als das Licht ausgeht. “Was ist los?”, schreit er entsetzt.

Eine Parfümwolke nebelt ihn ein.

“Hat er mir wirklich eines seiner Hemden an den Kopf geworfen? Und sprüht er mich jetzt wirklich mit seinem neuen Duft ein?!”, denkt Andreas.
“Zieh dich an, wir müssen gehen!”, sagt Mark. Andreas taucht wieder auf und fragt ihn: “Wohin gehen wir?” Und Mark: “Es gibt da jemanden, der dich kennenlernen möchte.”

“Nein, ich kann nicht. Heute Abend muss ich lernen, wie man E-Mails schreibt”, sagt Andreas.
“Es ist eine hübsche Engländerin mit langen Beinen...”
“Wo sind meine Schuhe?”, antwortet Andreas umgehend.

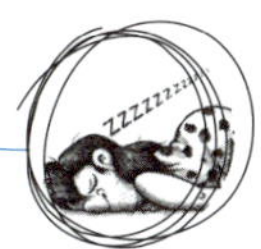

In diesem Moment klingelt das Telefon. Andreas nimmt den Hörer ab; es ist Jimmy.
"Andreas, Kristen is ill."
Andreas, Kristen ist krank.
"Und das heißt... ?", fragt Andreas
"She isn't well. You will have to take her place at the reception tomorrow and there are many e-mails to answer", sagt Jimmy.
Es geht ihr nicht gut. Du musst sie morgen an der Rezeption vertreten - es gibt viele E-Mails zu beantworten.

Andreas legt den Hörer auf: "Ach du meine Güte!"
"Was gibt's?", fragt Mark, während er seine Jacke anzieht.
"Ich kann nicht mitkommen. Ich muss mich schlau machen, wie man E-Mails schreibt - morgen bin ich alleine bei der Arbeit."

Mark zieht die Jacke wieder aus und greift zu seinem Handy: "Susan?"
"Yes, it's me, Mark."
Ja, ich bin's, Mark.
"I'm really sorry but we can't **make it** tonight. Could you **fit us in** tomorrow night, maybe...? Ok, we'll talk about it tomorrow", sagt Mark und entschuldigt sich: "Forgive me for the short **notice**."
Es tut mir wirklich leid, aber wir schaffen es heute Abend nicht. Können wir uns vielleicht für morgen Abend verabreden...? Okay, wir sprechen morgen darüber. Entschuldige bitte die kurzfristige Benachrichtigung.

PHRASAL VERBS

"Make it" & "fit in"

MAKE IT

Mark: **"I'm really sorry but we can't make it tonight."**

Das Verb *to make* hat viele Bedeutungen, aber in diesem Fall heißt es, dass du ein Problem hast, eine Verabredung zu einer bestimmten Uhrzeit oder an einem bestimmten Tag einzuhalten. Wenn du eine Verabredung verschieben möchtest, kannst du sagen: **"I can't make it on Wednesday. What about Thursday?"**
Ich schaffe es nicht am Mittwoch. Wie wäre es mit Donnerstag?

To make bedeutet 'etwas machen, produzieren' im Sinne von 'etwas schaffen'. **Porsche makes fast cars, Andreas makes a mess wherever he goes, his mother makes him a cake on his birthday.**
Porsche baut schnelle Autos, Andreas hinterlässt Unordnung, wo immer er geht und steht, seine Mutter backt ihm einen Kuchen zum Geburtstag.

In der Arbeitswelt kommt *make* auf vielerlei Weise zum Einsatz.
People make money – das heißt, die Menschen verdienen Geld... auch wenn es gewisse Schlaumeier gibt, die im wahrsten Sinne des Wortes 'Geld machen', nämlich Falschgeld drucken.

In business people make appointments, das heißt, man vereinbart Ort, Datum und Uhrzeit für ein Treffen. Von *appointment* redet man außerdem, wenn es um einen Arzt- oder Zahnarzttermin geht. Möchtest du mit einem Mann oder mit einer Frau ausgehen, dann ist das im Englischen kein *appointment*, sondern ein *date*.

To make bedeutet auch, jemanden zu einer Sache veranlassen:
Mrs Wolf made Mark take Andreas to England.
Frau Wolf hat dafür gesorgt, dass Mark Andreas mit nach England nimmt.

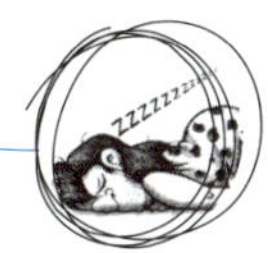

Schließlich verwendet man es auch noch im Sinne von 'etwas verursachen' oder 'auslösen':
The smile on Ms Peters' face made Andreas very nervous.
Das Lächeln auf dem Gesicht von Ms Peters ließ Andreas sehr nervös werden.

FIT IN

Mark: **"Could you fit us in? Tomorrow night, maybe?"**

Das Verb *to fit in* bedeutet, 'etwas in den Kalender eintragen'.
So könnte zum Beispiel dein Zahnarzt zu dir sagen: **"I can fit you in tomorrow."**
Wo du den Termin doch abgesagt hattest, *you couldn't make it* - weil du Angst hattest -... hat er dich jetzt morgen eingeschoben.

Wörtlich übersetzt heißt *to fit* 'passen'. Etwas, das *fits*, eignet sich gut, ist ideal, gerade richtig.

Andreas' new jacket fits perfectly, saß perfekt.

The water at Sloane Square Hotel wasn't fit to drink, es war kein Trinkwasser.

A person is a fit candidate, wenn der- bzw. diejenige die passenden Eigenschaften für diesen Job hat.
It is important that you fit in when you get a new job, das heißt, du musst dich dem neuen Arbeitsumfeld und den Kollegen anpassen.

In der Europäischen Union müssen alle Produkte *fit for purpose* sein, also geeignet für den Zweck, für den sie hergestellt und verkauft werden. Ist ein Produkt nicht *fit for purpose*, dann kann der Kunde vom Hersteller die Erstattung des Kaufpreises verlangen.

APROPOS

"Notice" & "notify"

NOTICE

Mark: **"Forgive me for the short notice."**

Notice ist in diesem Fall eine 'Mitteilung, Benachrichtigung', während *short* 'kurz' heißt – Susan wurde also 'kurzfristig benachrichtigt'. *Notice* verwendet man im Englischen auch im Zusammenhang mit einer Kündigung: *a company must give an employee two weeks notice*.
Eine Firma muss einem Angestellten mit einer zweiwöchigen Frist kündigen.

Notice kann auch ein Plakat oder ein Schild sein (zum Beispiel mit der Aufschrift 'Rauchen verboten').
Im Büro gibt es manchmal ein *notice board*, an dem Mitteilungen oder Termine ausgehängt werden.

Notice als Verb bedeutet 'bemerken'.
"Did you notice the new restaurant across the road?"
Hast du das neue Restaurant auf der anderen Straßenseite schon bemerkt?

"Did anyone notice that Susan was late again?"
Hat jemand bemerkt, dass Susan wieder zu spät kam?

NOTIFY

Dieses Verb bedeutet 'in Kenntnis setzen', 'informieren'.
"I'm writing to notify you about the changes on our price list."
Ich schreibe Ihnen, um Sie über unsere Preisänderungen in Kenntnis zu setzen.
Und wenn du einen Diebstahl zur Anzeige bringen möchtest, *you notify the police*.

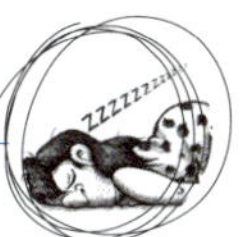

E-MAILS SCHREIBEN

Writing e-mails

Ein wenig Zeit möchte ich den E-Mails widmen. Sie sind so wichtig, dass sie es verdient haben.

Egal, wo du arbeitest, gut abgefasste und wirkungsvolle E-Mails sind ganz wesentlich.
Für mich gibt es keine starren Regeln, wie eine E-Mail geschrieben werden sollte, denn, wie bei einem Brief, ist das eine sehr persönliche Angelegenheit: Jeder hat seinen eigenen Schreibstil und muss sich damit wohlfühlen. Es gibt aber einige wichtige Punkte, die du wissen solltest: Eine E-Mail ist kein Brief. Deshalb gelten viele Regeln, die beim Abfassen eines Briefes beachtet werden müssen, nicht zwangsläufig auch für eine E-Mail.

Ein schönes Englisch ist einfach, kurz und bündig. Gerade auch deswegen ist es für die moderne Arbeitswelt bestens geeignet.

LESSON

CHECKLISTE

Checklist

E-MAILS AUF ENGLISCH SCHREIBEN

BREVITY - Fasse deine E-Mail so kurz wie möglich; versuche, umständliche Sätze zu vermeiden und komme direkt zum Punkt.

CLARITY - Schreibe kurze und einfache Sätze und verwende dabei klare und konkrete Worte und Wendungen; verteile die Informationen auf verschiedene Absätze.

DIRECTNESS - Beginne deine E-Mails sofort mit deinem Anliegen oder mit den Antworten, die von dir erwartet werden. Musst du etwas erklären, dann tust du das direkt und einfach.

OPENNESS - Schreibe, als ob der Empfänger dir gegenübersäße. Bediene dich eines freundschaftlichen Umgangstones. Beantworte E-Mails zeitnah (lass nicht zu lange auf deine Antwort warten); zeige, dass du immer bereit bist.

"Schau, es ist gar nicht so schwer, eine E-Mail auf Englisch zu schreiben", sagt Mark. "Es ist anders als bei einem Brief - ohne lange formelle Einleitung und ausgefeilte Sätze - im Gegenteil! Du kannst schreiben, als würdest du persönlich mit dem Empfänger sprechen."
"Echt? Aber ich verstehe trotzdem nichts...", erwidert Andreas.
"Merk dir zwei wichtige Dinge: Wenn du eine E-Mail schreibst, musst du dich klar und kurz fassen. Du schreibst nur das absolut Nötigste und kein Wort mehr", rät ihm Mark. "Bediene dich einer einfachen Sprache und schreibe

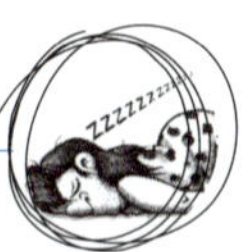

kurze Sätze. Wenn du den Text dann in drei Absätze unterteilst, ist es noch besser. Du beginnst mit dem Kern dessen, was du mitteilen möchtest bzw. mit den Antworten auf die Fragen, die dir gestellt wurden. Im zweiten Teil gehst du etwas mehr ins Detail; hast du viele Informationen zu übermitteln, kannst du sie als Aufzählung mit Punkten zusammenfassen. Dann schließt du die E-Mail ab. Lies dir das hier durch."

TOP TIPS FOR WRITING E-MAILS

1. **Es gibt bei einer E-Mail drei Typen von Empfängern:**
   TO - Derjenige, der die E-Mail lesen und beantworten soll.
   CC (Carbon Copy) - Personen, die an der E-Mail interessiert sein könnten, aber nicht antworten müssen.
   BCC (Blind Carbon Copy) - Empfänger, die für die anderen nicht sichtbar sind… mit Vorsicht zu verwenden!

2. **Das Subject-Feld muss aussagekräftig sein:**
   Es enthält wichtige Details wie ein Datum, einen Ort oder ein Aktenzeichen.

3. **Einleitung und Abschluss hängen davon ab, wie formell die E-Mail ist.**

   ### Informelle E-Mails
   (an Freunde oder Kollegen, mit denen du vertraut bist):
   OPENING - Hi Mary / Hello Mary / Dear Mary
   SIGNING OFF - (Many) Thanks! / Yours / Cheers / All the best / See you soon / Talk soon / Take care / Speak soon
   Wenn du mit jemandem in engem Austausch stehst und die E-Mails ständig zwischen euch hin- und hergehen, kannst du es dir ersparen, diese Formeln zu wiederholen.

Formelle E-mail

OPENING - Dear Mr. / Ms Biggs (wenn dir der Name des Empfängers bekannt ist) Dear Sir / Dear Madam / Dear Sir or Madam / To whom it may concern (wenn du den Namen des Empfängers nicht kennst)
Ms hat die veralteten Anreden *Mrs* und *Miss* abgelöst. Sie gelten heute als überholt und sexistisch, da aus ihnen hervorgeht, ob eine Frau verheiratet ist oder nicht. Diese Unterscheidung hat es bei der Anrede für Männer nie gegeben.
SIGNING OFF - Best Regards - eine formelle Art, 'tschüss' zu sagen.
Kind Regards - höfliche Grußformel
Warm Regards - die herzlichste formelle Grußformel
Sincerely - Damit gibst du zu verstehen, dass es dir ernst ist mit dem Inhalt deiner E-Mail.

4. The body of the e-mail:

die eigentliche Nachricht.
Fasse dich kurz und klar; halte dich an die 3-Absätze-Regel.
Beginne mit der Frage, der Antwort oder der Information, die du mitteilen möchtest.
Im zweiten Absatz führst du Einzelheiten auf - in kurzen Sätzen. Wenn du viele Informationen zu übermitteln hast, kannst du diese Punkt für Punkt in einer Aufzählung darstellen.
Zum Schluss bedankst du dich und gibst unter Umständen noch Hinweise auf die Antwort, die du erwartest, zum Beispiel:
Thank you very much for...
I would like to thank you for...
If you require further information, please don't hesitate to get in touch.
I look forward to hearing from you in the near future.
I look forward to receiving your...

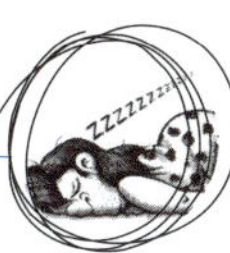

5. Signing Off:

die Signatur

Die Signatur sollte alle Informationen enthalten, die der Empfänger benötigt, um wieder mit dir in Verbindung zu treten: deinen vollständigen Namen, die Telefonnummer und Anschrift (falls nötig).

John Peter Sloan
Writer, Teacher
Sloan Unlimited
Website: www.jpscuola.it
E-mail: johnsloan@libero.it
Telephone: +44 (0) 1 234 5678

6. Proofreading:

Überprüfe die E-Mail, bevor du sie versendest.

Lies das, was du versenden willst, nochmals durch - mit Blick auf Inhalt, Grammatik und eventuelle Tippfehler. Wenn du die E-Mail laut liest, merkst du besser, ob alles in Ordnung ist.

Mark zieht ein Blatt aus seiner Laptop-Tasche und zeigt es Andreas.
Andreas ist leicht entmutigt. "Das ist ja alles ganz schön..., aber wie soll ich das anstellen? Du erklärst mir das ganz allgemein, aber ich brauche reale Beispiele! Verstehst du?"
"Dann brauchen wir Hotel-E-Mails..., in der Art, wie du sie beantworten musst", sagt Mark. "Also gut! Ich denke mir ein paar E-Mails aus, und du versuchst, sie zu beantworten, okay?"

LESSON

BESCHWERDEN

Complaints

Subject: Sloane Square Hotel

To whom it may concern,

We were very disappointed in the service and treatment we received at your hotel. The bed linen was dirty, the bathroom unclean and the attitude of the staff very unhelpful and rude.

We will not be returning to your establishment, you can be sure of that! I am writing this e-mail simply to inform you of the terrible time we were forced to suffer thanks to your ineptitude and inefficiency.

Regards

James Valdorf Esq.

Betreff: Sloane Square Hotel
Sehr geehrte Damen und Herren,
wir waren sehr enttäuscht über den Service und die Behandlung in Ihrem Hotel. Die Bettwäsche war schmutzig, das Bad nicht sauber, und das Personal war nicht hilfsbereit und sehr unhöflich.
Wir werden Ihr Haus mit Sicherheit nicht wieder besuchen! Ich schreibe diese E-Mail lediglich, um Sie über die schreckliche Zeit zu informieren, die wir dank Ihrer Unfähigkeit und Inkompetenz gezwungenermaßen über uns ergehen lassen mussten.
Grüße
James Valdorf Esq.

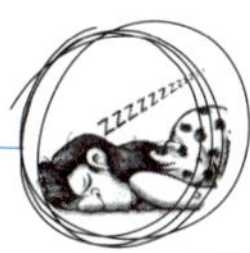

DIE ANTWORT VON ANDREAS

Subject: Re: Sloane Square Hotel

Dear Mr. Valdorf,

We are very sorry to inform you that due to your subject line negligence, we will never answer your e-mail; instead it will be lost in our database forever.

Andreas Wolf

Sloane Square Hotel
Website: www.sloanesquarehotel.co.uk
E-mail: bookings@sloanesquarehotel.co.uk
Telephone: +44 (0) 1 349 24981

Es tut uns sehr leid, Sie informieren zu müssen, dass wir aufgrund der Nachlässigkeit, mit der Sie die Betreffzeile ausgefüllt haben, Ihre E-Mail nie beantworten werden; sie ist stattdessen für immer in unserer Datenbank verloren gegangen.

Mark grinst: “Schön! Zumindest hast du alle *Top tips* gelesen... Ich bin sehr beeindruckt!”
Andreas ist mit seinem Werk zufrieden.
“Denk aber daran, immer die automatische Rechtschreibkorrektur zu aktivieren – damit spürst du Grammatik- und Tippfehler auf. It’s a piece of cake!”
“Piece of cake? Time for a break... gute Idee!”, ruft Andreas und steht auf, aber Mark drückt ihn wieder aufs Sofa zurück.
“Nicht jetzt. *Piece of cake* ist lediglich ein Ausdruck dafür, dass etwas ganz einfach ist. Aber hör zu: Deine Einleitung und dein Abschluss sind gut gelungen – das ist super!”

Während Mark redet, betrachtet Andreas gleichgültig sein Spiegelbild auf dem Bildschirm. Mark legt nach: ”Hier kannst du die Sandwichmethode anwenden...”

“Dann essen wir jetzt also?”, Andreas versteht nicht, warum Mark schon wieder vom Essen redet.
“Hör auf, ans Essen zu denken und hör mir zu. Die Sandwichmethode eignet sich hervorragend, wenn du mit einer E-Mail eine schlechte Nachricht zu überbringen hast. Zuerst kommt eine Schicht Brot: Du beginnst mit einer positiven Einleitung. In der Mitte folgt das Wesentliche - das eigentliche Problem. Dann beschließt du das Sandwich mit der guten Nachricht - nämlich wie du die Situation gerettet hast. Schau mal, wie ich auf diese E-Mail-Beschwerde antworten würde.”

MARK'S REPLY

Subject: Re: Sloane Square Hotel

Dear Mr. Valdorf,

We are very sorry to hear about your experience at Sloane Square Hotel and would like to offer you a twenty per cent discount on your next booking with us.

We were very sorry to hear the terrible treatment and conditions you found at our hotel. We must admit that standards here had dropped, and I can assure you that we are taking immediate action to remedy all the shortcomings you outlined in your e-mail. We welcome your comments as they help us to improve our service. We have no excuses for the behaviour of the staff involved.

Let me thank you again for taking the time to tell us about the problems you encountered during your stay at Sloane Square Hotel, and we sincerely hope that you will take advantage of our generous discount offer in the near future.

Sincerely
Andreas Wolf

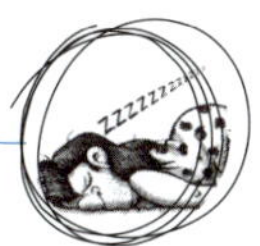

Betreff: Re: Sloane Square Hotel
Sehr geehrter Herr Valdorf,
es tut uns sehr leid, von Ihrer Erfahrung im Sloane Square Hotel zu hören, und wir würden Ihnen gerne bei Ihrer nächsten Buchung bei uns einen Preisnachlass in Höhe von 20 % anbieten.
Es tut uns sehr leid, von der fürchterlichen Behandlung zu erfahren, die Ihnen in unserem Hotel widerfahren ist, und von den Bedingungen, die Sie dort vorgefunden haben. Wir müssen einräumen, dass der Standard hier gesunken ist, und ich kann Ihnen versichern, dass wir umgehend Maßnahmen einleiten werden, um die Mängel zu beheben, die Sie in Ihrer E-Mail angedeutet haben. Wir haben keine Entschuldigung für das Verhalten des darin verwickelten Personals.
Lassen Sie mich Ihnen nochmals dafür danken, dass Sie sich die Zeit genommen haben, uns über die Probleme zu informieren, die Sie während Ihres Aufenthalts im Sloane Square Hotel hatten. Wir hoffen aufrichtig, dass Sie unser großzügiges Rabattangebot in naher Zukunft in Anspruch nehmen werden.
Mit freundlichen Grüßen
Andreas Wolf

"Und jetzt die nächste E-Mail... machen wir weiter mit dieser Anfrage", fährt Mark fort.

ETWAS ANFRAGEN

Making a request

Subject: Does Sloane Square Hotel give discounts to large groups?

Dear Sir,

I would like to know if you offer special discounts for groups. The booking would be for 15 people staying 7 nights.

We don't require full board, but we plan to have lunch and dinner at your hotel on several days. Would you also offer a special rate for meals?

Please reply as soon as possible so we can confirm our plans.
Best regards

Jack Rider

Betreff: Bietet das Sloane Square Hotel Rabatte für große Gruppen?
Sehr geehrte Damen und Herren,
ich wüsste gerne, ob Sie für Gruppen Sonderrabatte anbieten. Es würde sich um eine Reservierung für 15 Personen für 7 Nächte handeln.
Wir benötigen keine Vollpension, aber wir haben die Absicht, an mehreren Tagen in Ihrem Hotel das Mittagessen und das Abendessen einzunehmen.
Bieten Sie auch Sonderpreise für die Mahlzeiten an?
Bitte antworten Sie so bald wie möglich, damit wir unsere Planungen bestätigen können.
Mit freundlichen Grüßen
Jack Rider

"Uff... da müsste ich Frau Peters fragen! Ich weiß nicht, ob es für Reisegruppen einen Preisnachlass gibt...", sagt Andreas ratlos.
"Dann erfindest du eben etwas. Antworte ihm, dass man darüber verhandeln kann. Räume ihm nicht sofort einen Nachlass ein", rät Mark.

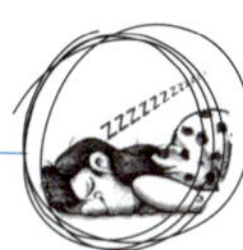

ANDREAS' REPLY

Betreff: Re: Does Sloane Square Hotel give discounts to large groups?

Dear Mr. Rider,

Thank you for your e-mail in which you ask for a discount.
I would be happy to talk about this on the phone soon so we can discuss the possibility of a discount.

Please feel free to call us!

Best regards
Andreas Wolf

Sloane Square Hotel
Website: www.sloanesquarehotel.co.uk
E-mail: bookings@sloanesquarehotel.co.uk
Telephone: +44 (0) 1 349 24981

Sehr geehrter Herr Rider,

danke für Ihre E-Mail, in der Sie nach einem Preisnachlass fragen.
Ich würde deswegen gerne demnächst mit Ihnen telefonieren, damit wir die Möglichkeit eines Rabatts besprechen können.

Rufen Sie uns gerne jederzeit an!

Mit freundlichen Grüßen

"Das ist gar nicht so schlecht für den Anfang!", lobt Mark. "Mit *I would* hast du – ganz korrekt – das Konditional verwendet und mit *best regards* als Grußformel liegst du eigentlich immer richtig."

DIE ANTWORT VON MARK

Subject: Re: Does Sloane Square Hotel give discounts to large groups?

Dear Mr. Rider,

Thank you for your enquiry about our hotel.

I'm sure we can offer you a good discount on your booking. We can discuss a further discount on the meals you decide to have at our hotel.

Please contact us at the number below when it is convenient for you. We look forward to receiving your call in the near future.

Kind regards

Andreas Wolf

Betreff: Re: Bietet das Sloane Square Hotel Rabatte für große Gruppen?
Sehr geehrter Herr Rider,
danke für Ihre Anfrage wegen unseres Hotels.
Ich bin mir sicher, dass wir Ihnen für Ihre Reservierung einen angemessenen Preisnachlass anbieten können. Einen weiteren Rabatt für die Mahlzeiten, die Sie in unserem Hotel einnehmen wollen, können wir besprechen.
Bitte rufen Sie uns unter der unten angegebenen Nummer an, wenn es für Sie günstig ist. Wir freuen uns auf Ihren baldigen Anruf.
Mit freundlichen Grüßen
Andreas Wolf

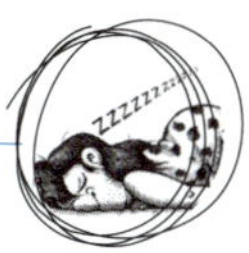

PING!
Mark schaut auf seinen Computer.
"Gerade ist eine E-Mail für mich eingegangen", sagt er.

Dear Mark,
I'm sorry we couldn't go out tonight; I was really looking forward to it.
If you'd like to make it tomorrow night, I'd be very happy.
P.S. You don't have to bring your brother; if you come alone I'll be even happier!

Lieber Mark,
Schade, dass wir heute Abend nicht zusammen ausgehen konnten; ich hatte mich sehr darauf gefreut.
Wenn du morgen Abend Zeit und Lust hast, würde ich mich sehr freuen.
P.S. Du musst nicht unbedingt deinen Bruder mitbringen; wenn du alleine kommst, freue ich mich umso mehr!

Mark starrt ungläubig auf den Bildschirm.
Andreas ist irritiert: "Was ist passiert???"

Im TOOLKIT am Ende des Buches findest du eine nützliche Liste mit Abkürzungen; denke daran, diese Abkürzungen niemals in formellen E-Mails zu verwenden; normalerweise benutzt du sie, wenn du eine SMS schreibst, aber du kannst sie auch für informelle E-Mails verwenden.

Beantworte bitte diese E-Mails.

1. JOB REQUEST

Subject: Application for chef vacancy

Dear Sir or Madam,

I would like to apply for the position of chef I saw advertised in the "London Gazette" classified section.

I am a qualified chef with five years experience in various hotel and restaurant kitchens in London and Luton. I have worked in some of London's best restaurants, including the Hilton Hotel and Jamie Oliver's *Italian*. I have attached my CV to this e-mail and can supply references if necessary.

Thank you for considering my application. I look forward to meeting you and discussing my experience and ideas in the near future.

Kind regards

Alexander Weigold

Diese Punkte sollte deine Antwort beinhalten:

1. Thank him for his application
2. You're interested in meeting him
3. Ask him to ring to arrange a meeting

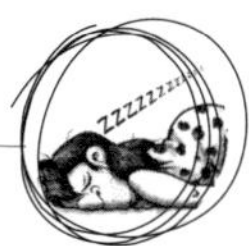

EXERCISE

2. BOOKING

Subject: Reservation request - Mr. Mills - Jan 10-14

Dear Sloane Square Hotel,

We'd like to book a double room at Sloane Square Hotel from January 10th to 14th. I saw on your website that a double room costs £80 a night and includes breakfast. Is that correct?

And do you have a restaurant on the premises? If so, do you serve traditional English dishes?

Thanks,

George Mills

Diese Punkte sollte deine E-Mail beinhalten:

1. Price £80 per night (including breakfast)
2. Double or twin room available
3. Traditional English cuisine from 17.30 to 21.00 / buffets at midday
4. You can book by e-mail / telephone / online

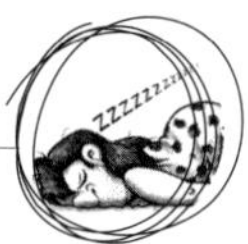

CHAPTER

10

On the telephone

Telephone calls
Repeat
Don't pretend
Useful phrases
Answering machines
What is voicemail?
Examples

CHAPTER TEN

On the telephone

Mark stoppt vor seiner Bürotür und atmet tief durch. "Wie soll ich ihr in die Augen schauen? Was soll ich ihr sagen?", denkt er. Der Gedanke, dass er Susan wiedersehen wird, bringt ihn ganz durcheinander.
Während er noch nachdenkt, klingelt sein Handy.

Es ist Andreas, der wissen will, ob sie sich am Nachmittag sehen, aber eigentlich möchte er ihn etwas zu den E-Mails fragen. Mark ist ganz überrascht, wie ernst Andreas seinen Job nimmt.

Kaum im Büro, wirft Mark einen Blick auf sein Handy und... Mist, er hat einen Anruf von Susan verpasst! Eine Sekunde später trifft eine SMS ein: "You have a voicemail. Please ring 2121 to hear your message". Mark gibt die Nummer ein.
Sie haben eine Nachricht in Ihrer Mailbox. Wählen Sie die 2121, um diese abzuhören.
"Hi Mark, this is Susan. Listen, something has **cropped up** and I can't make it to work this morning. Would you please answer my telephone for me? I'm expecting a very important call... maybe you could just take messages for me. I hope that's OK. Thanks!"
Hallo Mark, hier ist Susan. Hör zu, mir ist etwas dazwischen gekommen, und ich schaffe es nicht, heute Morgen zur Arbeit zu kommen. Könntest du bitte meine Anrufe für mich entgegennehmen? Ich erwarte einen sehr wichtigen Anruf... vielleicht könntest du die Nachrichten für mich aufschreiben. Ich hoffe, das ist okay. Danke!

"Was ist wohl geschehen?", fragt sich Mark. Sofort schickt er ihr eine SMS zurück: "Yes, of course. I'll see you later."
Ja natürlich. Bis später.
Er hat nicht viel Zeit, an Susan zu denken, denn ihr Telefon beginnt zu klingeln. Beim vierten Klingelton geht er zu ihrem Schreibtisch und nimmt den Hörer ab.

"Hello, Rispa International. How can I help you?", sagt er
Rispa International hier. Wie kann ich Ihnen helfen?
"This is Martin Styles, Tulox Digital here. I was **looking for** Susan Pritchard actually."
Hier spricht Martin Styles von Tulox Digital. Eigentlich wollte ich Susan Pritchard sprechen.
"I'm afraid she isn't in her office at the moment. Can I take a message?", antwortet Mark.
Sie ist leider zurzeit nicht im Büro. Kann ich eine Nachricht hinterlassen?
"Yes, thanks. Tell her I confirm our meeting at the Birmingham trade fair. We agreed on the second day at 10 in the morning."
Ja, danke. Richten Sie ihr aus, dass ich unsere Verabredung auf der Messe in Birmingham bestätige. Wir haben um 10 Uhr am zweiten Tag vereinbart.
"OK. So 10 a.m. on the second day. Your name is Martin Stiles.
Is that Stiles with an "i"?"
Okay. Also um 10 Uhr am zweiten Tag. Ihr Name ist Martin Stiles. Schreibt man Stiles mit "i"?
"No, it's S-T-Y-L-E-S."
Nein, S-T-Y-L-E-S.
"S-T-Y-L-E-S. **Got it**. Would you like her to call you back?", fragt ihn Mark.
S-T-Y-L-E-S. Verstanden. Soll sie Sie zurückrufen?
"That would be perfect. She has my number."
Das wäre perfekt. Meine Nummer hat sie.
"OK, Martin. I'll get her to call you as soon as she arrives. Bye."
Okay, Martin. Ich werde veranlassen, dass sie Sie zurückruft, sobald sie wieder da ist. Auf Wiederhören.
"Thanks, bye."
Danke, auf Wiederhören.

Mark legt eine Notiz auf Susans Schreibtisch. Ein langer Vormittag liegt vor ihm!

TELEFONIEREN

Telephone calls

Gerätst du auch in Panik, wenn das Telefon klingelt und am anderen Ende der Leitung jemand Englisch spricht? Andreas wollte spontan den Hörer wieder auflegen, aber sein Bruder hat ihm beigebracht, **"Speak slowly, please"** zu sagen. Warum ist es für viele Menschen derart traumatisch, am Telefon Englisch zu sprechen?
Weil ein Muttersprachler in der Regel zu schnell redet. Das macht er sicher nicht in der Absicht, dich zu ärgern – aber oftmals ist er sich dessen überhaupt nicht bewusst. Wenn du es ihm nicht sagst, dann weiß er auch nicht, dass du ein Problem damit hast.
Dieses Problem ist einfach zu lösen: Wenn du nichts verstehst, unterbrichst du denjenigen mit einem der folgenden Sätze:

"Sorry, I don't understand. Could you speak more slowly, please?"
Tut mir leid, ich verstehe nicht. Könnten Sie bitte langsamer sprechen?

oder

"Please, could you repeat that slowly? I don't understand."
Könnten Sie das bitte langsam wiederholen? Ich verstehe es nicht.

oder auch

"Could you speak more slowly, please? I'm still learning..."
Könnten Sie bitte langsamer sprechen? Ich lerne noch...

Dieser Satz ist besonders effektiv, weil er zeigt, dass du bemüht bist, Englisch zu lernen. Am anderen Ende der Leitung wirst du sicher auf Menschen treffen, die deine Bemühungen zu schätzen wissen und die gerne bereit sind, dir dabei geduldig zu helfen.

Zwei wichtige Ratschläge:

WIEDERHOLE

Repeat

Wenn du dir während eines Gesprächs Notizen machst, um wichtige Informationen wie den Namen, eine Nummer oder Adresse aufzuschreiben, wiederhole jedes Wort oder jede Zahl, die dir gesagt wird. Möchtest du ein Wort buchstabiert haben, dann wiederholst du jeden Buchstaben (du kannst darum bitten, nach dem *International Phonetic Alphabet* zu buchstabieren, das du im TOOLKIT am Ende des Buches findest).
Warum ist es sinnvoll, diese Technik anzuwenden? Zunächst einmal wird dein Gesprächspartner begreifen, dass du das, was er sagt, mitschreibst - er wird also automatisch langsamer sprechen. Das ist schon mal gut, oder? Außerdem zeigst du demjenigen, dass du das Gesagte wichtig nimmst, und das wird er sicherlich zu schätzen wissen.

Mit einem der folgenden Sätze kannst du um *spelling* bitten:
Could you spell that, please?
How do you spell that, please?

Oft ist es wirklich nötig, jemanden darum zu bitten, einen Namen oder eine Anschrift Buchstabe um Buchstabe zu wiederholen; in solch einem Fall ist es sinnvoll, das *International Phonetic Alphabet* einzusetzen. Damit verstehst du die Buchstaben des Alphabets auf jeden Fall richtig - denn sie werden je nach Nationalität des Sprechers unterschiedlich ausgesprochen.
Ein Beispiel: für 'Berlin' müsstest du sagen: **"It is spelt B for Bravo, E for Echo, R for Romeo, L for Lima, I for India, N for November."**

YES, MY BROTHER'S NAME IS MARK: H FOR HOTEL, E FOR ECHO, I FOR INDIA, N FOR NOVEMBER, I FOR INDIA.

LESSON

MACH NIEMANDEM ETWAS VOR

Don’t pretend

Tu nicht so, als ob du alles verstanden hättest, wenn du in Wahrheit kein Wort verstehst... Bitte deinen Gesprächspartner, das Gesagte so lange zu wiederholen, bis du sicher bist, dass du es richtig verstanden hast. Das muss dir nicht peinlich sein – zögere nicht, um eine Wiederholung zu bitten. Dein Gesprächspartner hat dir etwas mitzuteilen und möchte sicher sein, dass alles klar ist. Also wird er gewiss langsamer sprechen, wenn du ihn zum zweiten Mal bittest, das Gesagte zu wiederholen. Es ist ein Ammenmärchen, dass die Engländer und die Amerikaner sich ärgern, wenn sie jemand nicht versteht. Ganz im Gegenteil: Sie schätzen es sehr, wenn jemand das, was sie sagen, für wichtig hält und es richtig verstehen möchte.

HILFREICHE SÄTZE

Useful phrases

Hier findest du eine Reihe hilfreicher Sätze, die im Berufsleben häufig verwendet werden.

WENN DU EINEN ANRUF ENTGEGENNIMMST

Hello, this is Mark Wolf.
Hallo, Mark Wolf am Apparat.

Good morning, Mark Wolf speaking.
Guten Morgen, hier spricht Mark Wolf.

Hello, this is the Sales Department.
Hallo, hier ist die Vertriebsabteilung.

Hello, Rispa Sales. Can I help you?
Hallo, Sie sprechen mit der Vertriebsabteilung von Rispa. Kann ich Ihnen helfen?
Good morning, Mark Wolf's office. How can I help you?
Guten Morgen, Büro Mark Wolf. Wie kann ich Ihnen helfen?

Good afternoon, Rispa International. How can I be of assistance?
Rispa International, guten Tag. Wie kann ich Ihnen behilflich sein?

WENN DU DICH ZU BEGINN EINES TELEFONGESPRÄCHS VORSTELLST

This is Mark Wolf, International Sales Manager with Rispa, London.
Hier spricht Mark Wolf, Internationaler Vertriebsleiter von Rispa, London.

WENN DU DEN GRUND DEINES ANRUFS ERKLÄREN MÖCHTEST

I'm calling about...
Ich rufe an wegen...

WENN DU DEN ANRUFER NACH SEINEM NAMEN FRAGST

Who's speaking, please?
Wer spricht bitte?

Who am I speaking to?
Mit wem spreche ich bitte?

Could you give me your name, please?
Könnten Sie mir bitte Ihren Namen sagen?

May I ask who is calling?
Darf ich fragen, wer am Apparat ist?

Who shall I say is calling?
Wen darf ich melden/ankündigen?

WENN DU DARUM BITTEST, EINEN AUGENBLICK ZU WARTEN

Please hold.
Bitte bleiben Sie am Apparat.

Hold on, please.
Bleiben Sie bitte am Apparat.

Just a moment, please.
Einen Moment bitte.

WENN DU MIT JEMANDEM SPRECHEN MÖCHTEST

I'd like to speak to Mark Wolf, please.
Ich möchte bitte mit Mark Wolf sprechen.

Could I speak to Mark Wolf?
Könnte ich mit Mark Wolf sprechen?

Could you **put me through** to Mark Wolf, please?
Könnten Sie mich bitte mit Mark Wolf verbinden?

Wenn du dagegen wissen möchtest, ob eine bestimmte Person im Büro ist, fragst du:
Is Mark in his office?
Ist Mark im Büro?

WENN DU DICH NACH EINZELHEITEN ERKUNDIGST

Could you give me your address, please?
Könnten Sie mir bitte Ihre Adresse geben?

Could you give me the reference code, please?
Könnten Sie mir bitte die Referenznummer nennen?

UM ANGABEN ZU ÜBERPRÜFEN

Could you repeat that, please?
Könnten Sie das bitte wiederholen?

Can you read that back to me, please?
Können sie mir das bitte nochmals vorlesen?

Sorry. I didn't catch your... Did you say...?
Entschuldigung. Ich konnte Ihnen nicht folgen... Sagten Sie...?

WENN SICH JEMAND VERWÄHLT HAT

I'm sorry; you must have the wrong number.
Es tut mir leid; Sie müssen die falsche Nummer haben.

I'm afraid you've got the wrong number...
Ich fürchte, Sie haben sich verwählt...

Sorry, there's no one here called Resi.
Es tut mir leid, es gibt hier keine Resi.

Are you sure you have the right number? This is 01273 899971.
Sind Sie sicher, dass Sie die richtige Nummer haben? Hier ist die 01273 899971.

LESSON

WENN DIE VERBINDUNG GESTÖRT IST

Sorry, this line is terrible...
Es tut mir leid, die Verbindung ist ganz schlecht...

I'll call you from another phone.
Ich rufe Sie von einem anderen Apparat an.

I'll call you back later.
Ich rufe Sie später zurück.

Let me try another spot.
Ich versuche es von woanders.

WENN DU EINE NACHRICHT ENTGEGENNIMMST

Can I take a message?
Kann ich eine Nachricht entgegennehmen?

Would you like to leave a message?
Möchten Sie eine Nachricht hinterlassen?

Would you take a message, please?
Könnten Sie bitte eine Nachricht entgegennehmen?

Could I leave a message for him, please?
Könnte ich bitte eine Nachricht für ihn hinterlasssen?

ANRUFBEANTWORTER

Answering machines

Es kommt vor, dass die Person, die du anrufen wolltest, nicht zu sprechen ist und du dich stattdessen mit einem Anrufbeantworter unterhalten musst. Wie geht das?
Vor allem musst du vorbereitet sein und das, was du mitteilen möchtest, knapp und klar darstellen.

Lies dir bitte diese beispielhafte Ansage eines Anrufbeantworters durch.
Hello, this is John. I'm afraid I'm not in the office right now. Please leave your name and number after the tone. I'll get back to you as soon as possible. Thanks!
Hallo, hier spricht John. Leider bin ich im Augenblick nicht im Büro. Bitte hinterlassen sie Ihren Namen und Ihre Telefonnummer nach dem Signalton. Ich rufe Sie sobald wie möglich zurück. Danke!

1. **INTRODUCTION** – Stelle dich mit deinem Namen vor:
   Hello, this is Andreas Wolf.

2. **WHY ARE YOU CALLING?** – Erkläre kurz den Grund deines Anrufs:
   I'm calling to tell you that...
   I'm calling to ask if...
   I'm calling about...
   I'm **just** calling to say...

3. **LEAVE YOUR PHONE NUMBER** – Wenn du möchtest, dass man dich zurückruft, sagst du das ausdrücklich und hinterlässt deine Telefonnummer:
   Could you call me back, please? My number is...
   Please, could you call me back? You can get me at...

4. **CONCLUSION** – Bedanke und verabschiede dich... ohne darauf zu warten, dass der Anrufbeantworter dasselbe tut:
   Thanks a lot, bye.
   Thank you, speak soon, bye.
   Cheers! (lockerer)

Good morning, this is the Head of Rispa International speaking.

I'm sorry, I think you have the wrong number.

Is there someone in particular you'd like to talk to?

This is extension 236. Which extension are you looking for?

Listen, can I take a message?

I'm afraid I don't know what you're referring to.

Goodbye, Mr. Wonder.

I just called to say I love you.

I just called to say how much I care.

I just called to say I love you.

And I mean it from the bottom of my heart.

No New Year's Day to celebrate.

No chocolate...

WAS IST VOICEMAIL?

What is voicemail?

Manche Menschen verwirrt es, wenn sie mit *voicemail*, oder einer sogenannten Voicebox verbunden sind... Was ist das denn eigentlich? Ganz einfach: ein automatischer Antwortservice der Telefonbetreiber; auch im Internet findest du diesen Service, zum Beispiel bei *Skype* oder *Google*. Es ist im Prinzip genau dasselbe wie ein Anrufbeantworter – nur wird hier die Nachricht im Computernetz oder auf einem Server aufgenommen. Wenn dir jemand eine Nachricht auf deiner Voicebox hinterlässt, dann erhältst du automatisch vom System eine Textnachricht. Wenn du die Nachricht abhören möchtest, musst du eine bestimmte Nummer wählen.

BEISPIELE FÜR TELEFONGESPRÄCHE

Examples

Secretary:	Hello. This is the Sales Department. How can I help you?
Caller:	Hello. Can I speak to Mark Wolf, please?
Secretary:	Certainly. May I ask who's calling?
Caller:	It's Richard Davies here.
Secretary:	One moment, please. I'll just put you through.
Caller:	Thank you.

Sekretärin:	*Hallo? Sie sind mit der Vertriebsabteilung verbunden. Wie kann ich Ihnen weiterhelfen?*
Anrufer:	*Hallo. Kann ich bitte mit Mark Wolf sprechen?*
Sekretärin:	*Selbstverständlich/Aber gerne. Wer spricht bitte?*
Anrufer:	*Hier spricht Richard Davies.*
Sekretärin:	*Einen Moment bitte. Ich stelle Sie durch.*
Anrufer:	*Danke.*

Secretary:	Hello, Sales. How can I help you?
Caller:	Hello, could I speak to Mark Wolf, please?
Secretary:	May I ask who is calling?
Caller:	This is Mr. Johnson.
Secretary:	Please hold the line Mr. Johnson. *[nervige Musik; in der Regel Mozartgeklimper auf einem 30-Euro-Keyboard]* *[währenddessen spricht sie mit Mark]* Hello, Mark, I've got Mr. Johnson on the line for you... *[wieder zu Mr. Johnson]* One moment, Mr. Johnson...I'm just putting you through...

Sekretärin:	*Vertriebsabteilung, hallo. Wie kann ich Ihnen weiterhelfen?*
Anrufer:	*Hallo, könnte ich bitte mit Mark Wolf sprechen?*
Sekretärin:	*Darf ich fragen, wer am Apparat ist?*
Anrufer:	*Hier spricht Mr. Johnson.*
Sekretärin:	*Bitte bleiben Sie am Apparat, Mr. Johnson.* *Hallo Mark, ich habe Mr. Johnson für Sie in der Leitung...* *Einen Augenblick Mr. Johnson... Ich stelle Sie jetzt durch.*

I CALLED MAGDALENA AND ASKED HER TO MARRY ME.
AND WHAT DID SHE SAY?
SHE SAID: "SORRY, YOU MUST HAVE THE WRONG NUMBER" AND HUNG UP.

Secretary: Hello, you've reached the Sales Department. How can I help you?
Caller: Hello, can I speak to Mark Wolf, please?
Secretary: Who's calling please?
Caller: It's Helmut Frahm here.
Secretary: Sorry. Could you repeat your surname, please?
Caller: Certainly. Frahm... that's F-R-A-H-M.
Secretary: F-R-A-H-M, thank you... I'll put you through **straight away**.
Caller: Thank you.

Sekretärin: *Hallo, Sie sind mit der Vertriebsabteilung verbunden. Wie kann ich Ihnen helfen?*
Anrufer: *Hallo, kann ich bitte mit Mark Wolf sprechen?*
Sekretärin: *Wer spricht bitte?*
Anrufer: *Hier spricht Helmut Frahm.*
Sekretärin: *Entschuldigung. Könnten Sie bitte Ihren Nachnamen wiederholen?*
Anrufer: *Selbstverständlich, Frahm... also F-R-A-H-M.*
Sekretärin: *F-R-A-H-M, danke... Ich stelle Sie sofort durch.*
Anrufer: *Danke.*

EXERCISE

Setze die folgenden Telefongespräche bitte neu zusammen, indem du die Sätze in den Boxen in die richtige Reihenfolge bringst.

PHONE CALL 1

Could I speak to Robert Jones please?
Hello, Robert, I've got your brother on the phone for you ... OK, I'll put him through.
This is Andrew Jones.
Hello, Marketing. How can I help you?
Just a second, Mr. Jones.
I'm putting you through, Mr. Jones...
Certainly. Who shall I say is calling?

Secretary: ....

Caller: ....

Secretary: ....

Caller: ....

Secretary: ....

[während sie mit Robert spricht] ....

[während sie mit Mr Jones spricht] ....

PHONE CALL 2

No, this is 55556-555.
Hello. I'd like to speak to Richard Birds, please.
Didn't I dial that?
Yes, Richard Birds does work here at Rispa International but you need a different extension... his direct number is 324 55556-554.
Oh, I'm so sorry.
Hello, Marketing, can I help you?

Secretary: ....

....

Caller: ....

....

Secretary: ....

....

....

....

Caller: ....

....

Secretary: ....

....

Caller: ....

....

....

CROPPED UP - *To crop up* ist ein *phrasal verb*. Man weist damit auf ein unvorhergesehenes Ereignis hin, das wichtiger ist, als das, was eigentlich geplant war.

LOOKING FOR - *To look for* ist ebenfalls ein *phrasal verb*. Es bedeutet (etwas oder jemanden) 'suchen'.

GOT IT - *To get it* (Vergangenheit - *got it*): *Get* hat hier die Bedeutung von 'etwas verstehen'.

I'LL GET HER TO CALL - Hier steht *get* im Sinne von jemanden veranlassen, etwas zu tun.

PRETEND - bedeutet 'so tun als ob'.

GET BACK TO YOU - heißt 'ich rufe dich zurück'.

JUST - Eine der vielen Bedeutungen von *just* (gerecht, gerade eben, genau) ist 'nur, einfach'... *I'm just going out to get some milk*. Hier handelt es sich um etwas, das nicht wichtig ist - wenn ich nicht gehe, dann stirbt keiner...

PUT YOU THROUGH - *To put you through* heißt, ganz wörtlich, 'durchstellen'. Wie im Deutschen benutzt man dieses Verb ausschließlich, wenn es ums Telefonieren geht.

STRAIGHT AWAY - sofort

Phone calls vocabulary

HANDY / MOBILTELEFON - *Cell phone / Mobile*

FESTNETZLEITUNG - *Landline*

DURCHWAHL - *Extension*

ANRUFBEANTWORTER / VOICEBOX - *Answering service / Voice mail*

ANRUFEN - *Call / Make a call / Ring*

EINE NUMMER WÄHLEN - *Dial a number*

EINEN ANRUF ENTGEGENNEHMEN - *Answer the phone (answer: weder das W noch das R werden ausgesprochen)*

ZURÜCKRUFEN - *Call back / Call back later / Return a call (He'll call you back later. He'll return your call later) / To get back to someone (I'll get back to you later)*

EINE VERBINDUNG BEKOMMEN - *Get through (I can't get through -* Ich bekomme keine Verbindung)

DURCHSTELLEN - To *put someone through (I'll put you through - Could you put me through to Mr. Smith? /* Könnten Sie mich zu Mr. Smith durchstellen?)

BESETZT - *The line is engaged / On the line*

(Mr. Collins is on the line. Can you hold, please?)

JEMANDEN BITTEN ZU WARTEN - *I'll just put you on hold*

TUT MIR LEID, DASS SIE WARTEN MUSSTEN - *Sorry to keep you waiting*

BITTE BLEIBEN SIE AM APPARAT - *Please hold*

ICH SCHAUE NACH, OB ER IM BÜRO IST - *I'll just see if he's in his office*

DEN HÖRER AUFLEGEN - *To hang up*

CHAPTER

11

Conference calls and nightmares

Conference calls
and nightmares
Avoid?
Skype & Co.

CHAPTER ELEVEN

Conference calls and nightmares

Mark sitzt an seinem Schreibtisch im Büro. Susan ist noch nicht da, und so langsam gerät er in Panik. Sie sollten eigentlich gemeinsam die Telefonkonferenz mit den sechs europäischen Regionalleitern vorbereiten. Die Tür ist geschlossen und sein Handy abgeschaltet. Mark lauscht angestrengt. Er muss es wohl alleine durchziehen. Keine Fliege ist im Büro zu hören, kein Geräusch würde die Gesprächsteilnehmer stören.

Mark hofft, dass die Telefonkonferenz glatt über die Bühne geht... Was soll dabei auch schiefgehen? Vor zwei Tagen hat er allen teilnehmenden Führungskräften Datum, Uhrzeit und Tagesordnung, sowie die **dial-in** number für die Telefonkonferenz mitgeteilt.
Mark greift zum Telefon, gibt die dial-in number ein und wartet. Nichts geschieht. Er versucht es noch einmal... Stille. Er muss die Ruhe bewahren und nachdenken. Aaaarghh!!! Er starrt auf die Telefonnummer und dann auf die Wanduhr. Das Meeting soll in fünf Minuten beginnen. Wo bleibt Susan nur?!

Mark muss schnell eine Lösung finden. Sie sind insgesamt nur sieben Teilnehmer – also können sie die Telefonkonferenz via Skype durchführen. Sofort sendet er eine E-Mail an alle Teilnehmer, um sie über die Programmänderung zu informieren. Dann öffnet er das Programm und sieht, dass vier Teilnehmer bereits online sind. Er ruft sie also an und leitet die Telefonkonferenz ein... Innerhalb weniger Minuten sind alle miteinander verbunden.
"Hello everyone! This is Mark Wolf here. First I'd like to apologise for the last minute change over to Skype. We had a technical problem here at headquarters."
Hallo zusammen! Ich bin Mark Wolf. Zuerst einmal möchte ich mich dafür entschuldigen, dass wir in letzter Minute zu Skype gewechselt sind. Wir hatten in der Zentrale hier ein technisches Problem.

"No problem, Mr. Wolf!", anwtortet eine anonyme Stimme.

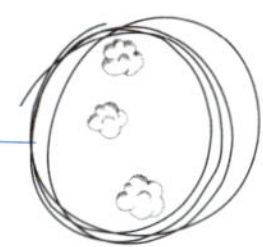

"OK. Let's begin by briefly presenting ourselves. I'm Mark Wolf, International Sales Manager."
Okay. Beginnen wir damit, dass wir uns kurz vorstellen. Ich bin Mark Wolf, International Sales Manager.
Die anderen Führungskräfte tun es ihm nach und stellen sich kurz vor.
"Now", fährt Mark fort, "does everyone have a copy of the meeting **agenda**?"
So, hat jeder eine Kopie der Tagesordnung?
Alle bestätigen es.
"The first point we're going to look at today concerns the crisis in the Russian market..."
Der erste Punkt, den wir heute betrachten werden, betrifft die Krise auf dem russischen Markt...
In den nächsten zehn Minuten erklärt Mark die Lage und seine Meinung hinsichtlich der notwendigen Schritte. Irgendwann setzen drei Personen gleichzeitig zu reden an. Er versteht kein einziges Wort und niemand hört ihn.
"Please!", ruft er. "Speak one at a time and introduce yourselves before you speak."
Bitte! Reden Sie einer nach dem anderen und stellen Sie sich vor, bevor Sie sprechen.
"This is Pierre Debonge, French Regional Manager. I'm afraid I didn't understand anything as the line is very distorted. We should use the **proper** conference call service, I think."
Hier spricht Pierre Debonge, Regionalleiter Frankreich. Ich fürchte, ich habe nichts verstanden, weil die Leitung sehr schlecht ist. Ich denke, wir sollten den eigentlichen Telefonkonferenz-Dienst nutzen.
"This is Pedro Navarro Olmos, Spain", schaltet sich eine weitere Stimme ein. "I understood every word, but you have your facts wrong. It's impossible..."
Ich bin Pedro Navarro Olmos, Spanien. Ich habe jedes Wort verstanden, aber das, was Sie sagen, ist falsch. Es ist unmöglich...
Plötzlich reden wieder alle durcheinander. Schon wieder! Mark ist am Rande der Verzweiflung, als die Leitung plötzlich zusammenbricht und Totenstille eintritt.
Es vergehen einige Minuten, ohne dass ein Austausch möglich ist. Es gelingt Mark nicht, die Verbindung wieder herzustellen.

Er ist verzweifelt und schlägt die Hände vors Gesicht. Dann hebt er den Blick und sieht seinen Chef im Türrahmen stehen. Sofort nimmt er die Hände vom Gesicht und strahlt übers ganze Gesicht.
"Good morning, Mr. Collins. How can I help you?"
Guten Morgen Mr. Collins. Wie kann ich Ihnen helfen?

Der Chef strahlt nicht.

"I've had several European Regional Managers on the line complaining about this conference call... or what did they call it? Let me think... an incompetent call!"
Ich habe Anrufe von verschiedenen europäischen Regionaldirektoren bekommen, die sich über diese Telefonkonferenz beschwert haben... oder wie haben sie es genannt? Lassen Sie mich nachdenken... ein inkompetent geführtes Telefonat!

Mark schaut ihn überrascht an.

"Yes. They said you had no idea of how to run a meeting. Did you ask someone **to take the minutes** of the meeting, for example? No. Did you ask anyone if they understood what you were saying or if they had any questions?"
Ja – sie sagten, Sie hätten nicht die geringste Idee, wie man eine Konferenz leitet. Haben Sie zum Beispiel jemanden gebeten, Protokoll über die Konferenz zu führen? Nein. Haben Sie die Leute gefragt, ob sie verstanden haben, was Sie sagen, oder ob jemand Fragen hat?

Mark weiß nicht, was er antworten soll.

"Did you even pause to give them a chance to intervene? No, you didn't! Did you speak slowly for our European colleagues? No! Your colleagues' English isn't quite as good as yours... you have **to be aware** of these things!"
Haben Sie vielleicht eine Pause gemacht, um es ihnen zu ermöglichen, sich einzuschalten? Nein, haben Sie nicht! Haben Sie für unsere europäischen Kollegen langsam gesprochen? Nein! Das Englisch Ihrer Kollegen ist nicht so gut wie Ihres... Sie müssen sich solcher Sachen bewusst sein!

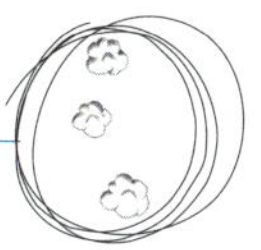

Mr Collins verlässt das Büro, und zurück bleibt ein am Boden zerstörter Mark. Dieser hebt erneut seinen Blick und sieht Susan, die im Türrahmen steht und ihn besorgt anschaut.

"What happened?", fragt sie.
Was ist passiert?

Mark schüttelt den Kopf...

TELEFONKONFERENZEN UND ALBTRÄUME

Conference calls and nightmares

Sind Telefonkonferenzen für dich ein Albtraum? Mach dir keine Sorgen, wenn es so ist. Du bist nicht alleine; viele Menschen haben dieselben Ängste wie du... Keine Panik!
Das Wichtigste bei einer Telefonkonferenz ist es, klar zu kommunizieren – es genügt also, dies einzufordern.
Ein guter Moderator wird eine Telefonkonferenz damit einleiten, dass er sich vorstellt und dann alle Teilnehmer bittet, sich ihrerseits vorzustellen, bevor sie einen Redebeitrag leisten.
Im Anschluss daran sollte er alle auffordern, langsam und deutlich zu sprechen.
Tut er das nicht, dann nimm dir die Freiheit zu sagen: **"Hi everyone! This is John, can I ask everyone to speak slowly, clearly and simply because I think it's important we all understand each other. Thank you."**
Hallo zusammen! Hier spricht John. Darf ich Sie/euch alle bitten, langsam, klar und deutlich zu sprechen, weil ich es für wichtig halte, dass wir uns gegenseitig verstehen. Danke.
Damit wirst du zum Star der Konferenz, weil alle dasselbe Befürfnis haben, dem Gespräch folgen zu können. Garantiert werden sich nach dieser mutigen Ansprache alle anderen Teilnehmer ausnahmslos auf der Stelle in dich verlieben!

VERMEIDEN?

Avoid?

Isn't it better to avoid conference calls altogether? Telefonkonferenzen sind oft nicht so effektiv, wie sie sein könnten. Sie sind ein sinnvolles Instrument, das es Kollegen, die über die ganze Welt verstreut sind, ermöglicht, direkt und in Echtzeit zusammenzuarbeiten. Sie sind leicht zu organisieren und verursachen kaum Kosten; bis heute sind viele Telefonkonferenz-Dienste gratis.
Um Probleme während einer Telefonkonferenz zu vermeiden, solltest du die folgenden Punkte beachten:

1 FIND A QUIET PLACE FOR THE CALL

Reduziere die Geräuschkulisse, indem du Fenster und Tür deines Büros schließt. Vermeide sonstige Geräusche wie das Rascheln von Papier, Drucker in Betrieb, Stifte, die vom Schreibtisch fallen, Magenknurren... Wenn du etwas essen oder trinken möchtest, dann tust du das, bevor dein Gespräch beginnt. Kaue nicht auf deinem Stift herum, falls du diese Angewohnheit hast. Wenn du gerade keinen Beitrag zum Gespräch leistest, aktiviere die *mute* Taste deines Telefons oder deines Computers. Denke daran, sie wieder zu deaktivieren, wenn du reden möchtest – sonst hören die anderen Teilnehmer dich nicht, und du wirst das Gefühl haben, dass dich keiner versteht.

2 NOMINATE A CALL LEADER

Für jede Zusammenkunft ist es wichtig, dass es einen Moderator gibt (*call leader* oder **chairperson**). Diese Person achtet darauf, dass die Ordnung eingehalten wird und entscheidet über die Reihenfolge der Beiträge. Dazu wird sie Sätze dieser Art verwenden:

"OK, everyone is online. Thank you for your punctuality."
Okay, alle sind online. Danke für Ihre Pünktlichkeit.

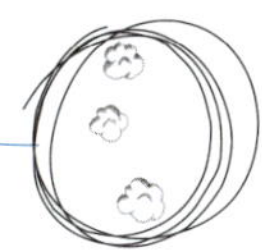

"Can you all hear me clearly?"
Können Sie mich alle gut hören?

"Everyone received a copy of the meeting agenda, right?"
Alle haben eine Kopie der Tagesordnung bekommen, oder?

"I must insist that we stay with the call agenda."
Ich muss darauf bestehen, dass wir uns an die Tagesordnung halten.

"Let's not go off topic or we'll be here all day..."
Lassen Sie uns nicht abschweifen, sonst sitzen wir den ganzen Tag hier...

"Let's get started, shall we?"
Fangen wir an, oder?

"Let's begin with point one..."
Beginnen wir mit Punkt eins...

"I'd like to hear a report from Sam on..."
Ich würde gerne von Sam einen Bericht hören über...

"I would like to remind you all to keep your interruptions **relevant** and concise."
Ich möchte Sie alle daran erinnern, Ihre Einwürfe sachbezogen und knapp zu halten.

3 REDUCE THE BOREDOM FACTOR AND FACILITATE THE PARTICIPANTS' UNDERSTANDING

Um den anderen Teilnehmern das Verständnis zu erleichtern, kannst du ihnen das Programm der Konferenz zusammen mit einigen Informationen - einschließlich Bildern und Erklärungen zu den Themen - zuschicken. Damit hilfst du ihnen, sich auf das Gespräch vorzubereiten. Auf das Material, das sie erhalten haben, können sie sich auch während der Telefonkonferenz beziehen. So stellst du einen hohen Grad der Verständigung sicher und hältst das Interesse während der gesamten Konferenz hoch.

LESSON

Mit diesen Sätzen kannst du Bezug nehmen auf die Unterlagen oder Bilder, die du versandt hast:

“Please look at fig. 3 on the **handout**...”
Bitte schauen Sie sich Bild 3 ihres Handouts an...

“If you look at the graphic on page 3 of the documentation, you will see...”
Wenn Sie die Grafik auf Seite 3 der Dokumentation anschauen, sehen Sie...

Lies dir bitte dieses Beispiel für eine *conference call agenda* durch.

RISPA INTERNATIONAL

Conference Call Agenda

Date	January 28, 2013
Time	1.00 to 2.00 pm
Dial-in Number	1-222-345-678 – Access code 9999# (Note: Please make sure that you use the # sign)
Subject	Crisis in the Eastern European market
Audience	Western Europe Regional Managers

AGENDA

1.00 - 1.15 pm	Mark Wolf (International Sales Manager) – Moderator Introduction Opening comments Overview of the Russian market crisis
1.15 - 1.25 pm	Pierre Debonge (Regional Manager – France) Analysis of the French situation
1.25 - 1.35 pm	Pedro Navarro Olmos (Regional Manager – Spain)
...	

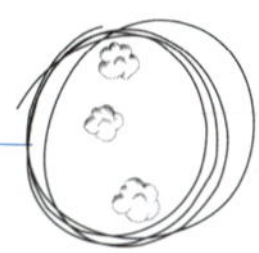

4 KEEP THE NUMBER OF PARTICIPANTS TO A MINIMUM

Die ideale Zahl von Teilnehmern für eine Telefonkonferenz liegt zwischen drei und sechs - insbesondere, wenn eine Entscheidung getroffen oder Probleme gelöst werden sollen. Telefonische Zusammenkünfte mit einer größeren Teilnehmerzahl können durchaus auch gelingen, sie erfordern aber mehr Organisation.
Damit ein Gespräch dieser Art ruhig verläuft und gut zu verstehen ist, ist es - unabhängig von der Zahl der Teilnehmer - wichtig, dass derjenige, der redet, sich zuvor vorstellt. Hierzu kannst du die typischen Formulierungen verwenden, die du bereits gelernt hast - je kürzer, desto besser.

"This is Smythe of Glasgow. Can I refer you all to..."
Hier ist Smythe aus Glasgow. Darf ich Ihnen berichten über...

"Smythe speaking, could I just say..."
Smythe hier, darf ich nur sagen...

"Smythe, Marketing Manager Scotland, I'd like to..."
Smythe, Marketingmanager Schottland, ich würde gerne...

5 MAKE SURE ONE OF THE PARTICIPANTS TAKES THE MINUTES OF THE MEETING

Take the minutes bedeutet nicht, 'die Minuten nehmen', sondern 'Notizen machen', das niederschreiben, was gesagt wird. So erhält man einen *report* über das Gespräch und stellt sicher, dass nichts vergessen wird. Telefonkonferenzen kann man auch aufzeichnen; so erhalten Personen, die nicht teilnehmen konnten, ebenfalls die Möglichkeit, die gesamte Konferenz zu verfolgen.

6 RESPECT THE AGENDA

Wenn du nicht willst, dass deine Telefonkonferenz zu einem Albtraum wird, darfst du nicht zulassen, dass jemand Themen einbringt, die nichts mit den Tagesordnungspunkten zu tun haben.
Als Moderator musst du sicherstellen, dass die Tagesordnung eingehalten wird, und es liegt in deiner Verantwortung, dafür zu sorgen, dass alle Teilnehmer vor Beginn der Telefonkonferenz eine Aufstellung der Punkte erhalten, die während der Begegnung verhandelt werden sollen.
Der Moderator gebraucht Sätze wie:

"I must insist that we stay with the call agenda."
Ich muss darauf bestehen, dass wir uns an die Tagesordnung halten.

"Let's not go off topic or we'll be here all day."
Lassen Sie uns nicht vom Thema abschweifen, sonst sind wir noch den ganzen Tag hier.

7 USE YOUR VOICE, NOT YOUR EYES

In Anbetracht der Tatsache, dass dir die Teilnehmer nicht ins Gesicht blicken und somit auch in bestimmten Augenblicken nicht auf deine Gefühle (ob positiv oder negativ) schließen können, musst du deine Stimme einsetzen, um diese Emotionen zum Ausdruck zu bringen. Du kannst auch ausdrücklich äußern, was du gerade empfindest – mit Sätzen wie:

"I'm very happy to report..."
Es freut mich sehr zu berichten...

"We are very worried about this development..."
Wir sind über diese Entwicklung sehr besorgt...

"Let me say: 'Well done!' to everyone here..."
Lassen Sie mich allen Anwesenden ein großes Lob aussprechen.

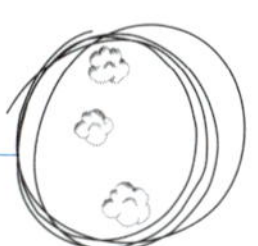

8 WAIT YOUR TURN

Unterbrechungen sind wichtig und unvermeidlich, aber sie laufen auch Gefahr, destruktiv zu werden und können zu unangenehmen Situationen zwischen Kollegen führen. Im Idealfall reduziert man die Zahl der Unterbrechungen auf ein unverzichtbares Minimum, indem man dem Sachbezug und der Höflichkeit stets den Vorrang einräumt.

Kulturelle Unterschiede, die eventuell zwischen den Teilnehmern bestehen, solltest du nicht aus dem Blick verlieren. Engländer, Japaner und Inder zum Beispiel hören sehr aufmerksam zu, während Amerikaner und Holländer zu spontanen Äußerungen neigen.

Probleme kannst du vermeiden, wenn du als Redner zwischen einem Punkt und dem nächsten eine kurze Redepause einlegst. So erhalten die anderen Teilnehmer die Möglichkeit, sich am Gespräch zu beteiligen, ohne dazwischenzureden. Es gibt auch einen technischen Grund für diesen Ratschlag – einige Telefonkonferenz-Systeme lassen nicht zu, dass mehrere Personen gleichzeitig reden; wird jemand in seiner Rede unterbrochen, so besteht die Gefahr, dass ein Teil dessen, was er gesagt hat, abgeschnitten wird.

Diese Sätze sind nützlich, wenn du dich in ein Gespräch einschalten möchtest:

"Can I come in here...?"
Kann ich mich an dieser Stelle einschalten...?

"I'd like to add something here..."
Ich würde hier gerne etwas ergänzen...

"Excuse me, but I think it is relevant **to point out**..."
Entschuldigen Sie, aber ich halte es für wichtig, darauf hinzuweisen...

"Sorry to interrupt but..."
Es tut mir leid zu unterbrechen, aber...

LESSON

9 CLOSING REMARKS

Es ist wichtig, dass die Telefonkonferenz innerhalb der festgelegten Zeit beendet wird, nachdem alle Tagesordnungspunkte besprochen wurden.
Hier findest du einige Kommentare, mit denen du eine Konferenz beschließen kannst:

"Does anyone have anything more to say on...?"
Hat jemand noch irgendetwas hinzuzufügen zu...?

"We are **running out** of time..."
Die Zeit wird knapp...

"Let's **wrap it up** at this point..."
Kommen wir an diesem Punkt zum Ende...

"Thanks to everyone for making this a productive session."
Danke an alle, dass Sie dieses Treffen so produktiv gestaltet haben.

"That went very well! Thank you all for participating."
Das ist sehr gut gelaufen! Ich danke Ihnen allen für Ihre Teilnahme.

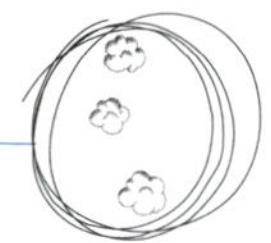

SKYPE & CO.

Skype & Co.

Das Web macht es heute möglich, Alternativen zu den traditionellen *conference call services* zu nutzen. Wie du gesehen hast, ist es Mark gelungen, sein technisches Problem dank Skype zu lösen. Na ja, es ist mehr oder weniger geglückt... Mit solch einem Internetdienst kannst du mit anderen Nutzern in Verbindung treten und chatten (also in Echtzeit schriftlich kommunizieren), oder auch einen mündlichen Austausch organisieren - ganz in der Art einer Telefonkonferenz - an dem eine große Anzahl von Personen teilnehmen kann. Das Wesentliche dabei ist, dass zumindest der Moderator (*chairperson*) alle Beteiligten unter seinen Kontakten hat. So kann er eine Online-Konferenz starten und jeden einzelnen Gesprächsteilnehmer mit aufnehmen. Außerdem kann mit Hilfe von Webcams eine Video-Telefonkonferenz eingerichtet werden. Ein Grund mehr, sich die Haare zu frisieren, bevor man ins Büro geht. Und wenn du in der Nase bohrst, wirst du gleich ertappt...

GLOSSARY

DIAL-IN – Einwahl-

AGENDA – Tagesordnung

PROPER – richtig, echt

TO TAKE THE MINUTES – Protokoll führen

TO BE AWARE – sich einer Sache bewusst sein

ALTOGETHER – insgesamt

CHAIRPERSON – Das ist nicht die 'Stuhlperson', sondern der Vorsitzende – also in diesem Fall der Moderator der Konferenz.

RELEVANT – relevant, entsprechend, einschlägig, sachdienlich

BOREDOM – Langeweile. Leitet sich ab von *to bore sb* 'jdn langweilen'.

HANDOUT – Im Deutschen wird dieser englische Begriff inzwischen häufig verwendet. Damit sind die Unterlagen gemeint, die für die Telefonkonferenz verteilt wurden.

TURN – An der Reihe sein. Als Verb bedeutet *to turn* 'drehen'.

TO POINT OUT – hinweisen

REMARKS – Bemerkungen, Kommentare

RUNNING OUT – Zu Ende gehen, mit etw am Ende sein. Dieses Verb kann man auch außerhalb des zeitlichen Kontexts benutzen. Es eignet sich für alles, zum Beispiel: *"I'm running out of sugar, I need to get some at the supermarket."*

WRAP IT UP – Abschließen, beenden (die Telefonkonferenz). *To wrap something up* bedeutet, etwas auf den Punkt bringen.

CHAPTER

12

Socialising

Socialising outside work
Breaking the ice
Celebrating special occasions
How to keep in contact

CHAPTER TWELVE

Socialising

Mark schaut auf die Uhr.
"Na, deine Susan lässt ja ganz schön auf sich warten!", sagt Andreas. "Ich hoffe nur, dass sie jetzt bald kommt – dieses englische Bier schmeckt mir ein bisschen zu gut... Das ist schon das dritte... Wenn ich noch eins trinke, sage ich womöglich, was ich denke!"
Diese Bemerkung beunruhigt Mark: "Und das wäre?!"
"Du bist ein Depp", ruft Andreas. "Siehst du? Zu spät."

"Hello, sorry I'm late."
Hallo, entschuldigt bitte die Verspätung.
Mark und Andreas schauen auf und erblicken Susan.
Mark springt sofort auf und bietet ihr seinen Platz an.
"How nice to see you, Susan. Please have a seat. This is my brother Andreas."
Wie schön, dich zu sehen, Susan. Setz dich bitte. Das ist mein Bruder Andreas.
"Nice to meet you, Andreas. I'm Susan."
Schön, dich kennenzulernen, Andreas. Ich bin Susan.
Mark lächelt und fragt: "What can I get you to drink?"
Was kann ich dir zu trinken bringen?
"**Something strong**, please", erwidert sie.
Etwas Starkes, bitte.
Mark geht zur Theke und lässt Andreas alleine mit Susan zurück.
"So you work in the same office as Mark?"
Du arbeitest also im selben Büro wie Mark?

SO HEISST ES RICHTIG

'Der-/die-/dasselbe wie' wird im Englischen mit *as* und nicht mit *like* gebildet.

"Yes, I do, opposite him, and you?"
Ja, ihm gegenüber, und du?
"I work in a hotel", antwortet er.
Ich arbeite in einem Hotel.
"As a...?"
Als...?
"As a receptionist, a waiter... **I wear many hats**."
Als Mitarbeiter am Empfang, Kellner... Ich habe viele Funktionen.
"Do you like it there?"
Gefällt es dir dort?
"It's difficult at the moment. I had no experience before I started but I'm very lucky. My boss Jimmy is very helpful and patient. He's more than a boss. He's a friend!"
Im Augenblick ist es schwierig. Ich hatte keinerlei Erfahrung, als ich anfing, aber ich habe viel Glück gehabt. Mein Chef Jimmy ist sehr hilfsbereit und geduldig. Er ist mehr als ein Chef. Er ist ein Freund!

Andreas lächelt. Jimmy ist inzwischen tatsächlich sein Freund. Er war sich dessen nicht bewusst, bis ihm diese Worte über die Lippen kamen. Nach einer kurzen Pause fügt er hinzu: "So how is working with my brother?"
Und – wie ist es, mit meinem Bruder zu arbeiten?

Susan denkt einen Augenblick über die Frage nach und sagt: "Oh, he's great. He's **smart**, intelligent, funny, good looking... everything!"
Oh, er ist großartig. Er ist clever, intelligent, lustig, gut aussehend... alles!
Andreas ahnt langsam, dass dies nicht SEIN Glückstag ist. Er lächelt wieder. Mark kehrt mit dem Drink zurück. In diesem Moment klingelt Susans Telefon. "I'll be back in a moment", ruft sie aus und entfernt sich.
Ich komme gleich wieder.

"Was hältst du von Susan?", fragt Mark.
"Ich denke, sie will dich", antwortet Andreas.
"Nein, ehrlich... Was hältst du von ihr?"
"Ich denke, sie will dich", wiederholt Andreas.

Im selben Augenblick nähert sich Susan wieder.
Ihr Gesichtsausdruck hat sich vollkommen verändert.
"What's wrong?", fragt Mark.
Was ist los?
Susan sieht aus, als würde sie gleich in Tränen ausbrechen. "It's just not my week...", schluchzt sie, "we have the biggest trade fair of the year next week in Birmingham and I can't **attend**."
Das ist wirklich nicht meine Woche... Nächste Woche findet die größte Messe des Jahres in Birmingham statt, und ich kann nicht teilnehmen.
Mark steht auf und umarmt sie. "Don't worry Susan, I'll go. I'll take your place."
Mach dir keine Sorgen, Susan. Ich gehe. Ich übernehme deinen Job.
Susan schaut ihn an, und er sieht etwas. Etwas Sanftes, Gefährliches, Unerlaubtes. Ihre Augen ziehen sich magnetisch an.
Ein lauter Rülpser von Andreas unterbricht die elektrisierende Stille.

"Sorry to interrupt you guys...", sagt Andreas, "but who is going to pay for the round of drinks? I'll get them now, but I haven't got any money."
Tut mir leid, euch zu unterbrechen, Leute..., aber wer bezahlt diese Runde Getränke? Ich hole sie jetzt, aber ich habe kein Geld.
"Aber haben sie dich heute etwa nicht bezahlt?", fragt Mark.
"Doch, aber nur einen geringen Betrag. Zur Zeit haben sie nicht viele Gäste, Mark. Sie haben mir das gegeben, was in ihren Möglichkeiten lag. But don't worry, I have an idea! Ich werde das Hotel mit Gästen füllen. I'm going to completely change it... I'm going to..."
"I know what you're going to do", unterbricht ihn Mark. "You're going to modernise the restaurant. Update the menu. Put in some plants, some colours... revitalise the place. You're going to find out why the café at the end of the street is always full... you're going to learn from them..."
Ich weiß, was du vorhast. Du hast vor das Restaurant zu modernisieren. Die Speisekarte zu aktualisieren. Ein paar Pflanzen, ein wenig Farbe reinzubringen... dem Ort neues Leben einzuhauchen. Du möchtest herausfinden, warum das Café am Ende der Straße immer voll ist... und von ihnen lernen...

"Mark, Andreas works in a hotel!", wirft Susan ein.
Mark, Andreas arbeitet in einem Hotel!
"Yes, dear. But it is ALSO a bar, why limit the place? Why make it just for the hotel customers?"
Ja, meine Liebe. Aber es ist AUCH eine Kneipe, warum also dieses Lokal nur für die Hotelgäste zugänglich machen?
Susan ist nicht einverstanden: "No, I think Andreas' idea is to advertise more...".
Nein, ich glaube, Andreas Idee ist es, mehr zu werben...
Mark schüttelt den Kopf "No, they can't **afford** to advertise".
Nein, sie können sich keine Werbung leisten.
"That's not necessarily true!", erwidert Susan (während ihr durch den Kopf geht, dass er wunderschöne Augen hat) "There are many cheap ways of advertising... flyers, posters... (und dass er zauberhafte Hände hat) They could do something really new, then call a newspaper (ja, sie ist eindeutig in ihn verknallt) to report on it."
Das stimmt nicht zwangsläufig!... Es gibt viele günstige Möglichkeiten zu werben... Prospekte, Poster... Sie könnten etwas wirklich Innovatives machen und dann eine Zeitung auffordern, darüber zu berichten.
Mark denkt darüber nach: "Oh, yes, I see" (Schwitzt sie etwa ein wenig? Ihre Lippen sind so schön, ihre Augen so blau).
Oh ja. Verstehe.
Susan streicht sich durch die Haare: "That's what you're going to do, right Andreas?"
Das ist es, was du tun möchtest, Andreas, stimmt's?

Andreas öffnet langsam den Mund "Ehm... I was just going to paint it."
Äääähm... ich wollte es eigentlich nur neu streichen.

LESSON

AUSSERHALB DER ARBEIT KONTAKTE KNÜPFEN

Socialising outside work

Einer der schwierigsten Aspekte, wenn du einen Job im Ausland hast, ist es, sich zu unterhalten, um auch außerhalb deines Arbeitsumfeldes Kontakte mit den neuen Kollegen zu knüpfen, die auf Deutsch vielleicht nur 'Autobahn' und 'Kraut' sagen können!
Du lernst gerade ihre Sprache – und eventuell ist dir auch die Fachsprache der Branche, in der du arbeitest, geläufig. Vielleicht wärst du auch in der Lage, dich an einer *presentation* zu beteiligen und nach Einzelheiten zu fragen... Aber jenseits des Jobs kann alles ganz schön kompliziert werden.
Wie vermeidest du peinliches Schweigen? Kennst du diese Situationen, in denen keiner weiß, was er sagen soll – zum Beispiel bei einem Arbeitsessen, oder wenn man nach Büroschluss gemeinsam ausgeht? Da kann es vorkommen, dass du bei einer Messe, einem Kurs, einer *presentation* oder einer *convention* mit ausländischen Kollegen zu tun hast. Vielleicht hattest du keine Gelegenheit, die anderen Teilnehmer vor dieser Veranstaltung kennenzulernen... aber irgendwann kommt der Augenblick, in dem ihr Zeit zusammen verbringt, ohne über die Arbeit zu sprechen. Wie geht das? In diesem Kapitel lernst du, wie du das Eis zum Schmelzen bringst, *break the ice*, ein Gespräch anbahnst und die anderen zum Reden bringst.

DAS EIS ZUM SCHMELZEN BRINGEN

Breaking the ice

Wie kannst du ein Gespräch einleiten? Hier findest du Sätze, die dir dabei helfen.
Eine offene und entspannte Gesprächsatmosphäre schaffst du, indem du der Vorstellung deiner Person eine Frage hinzufügst:
"Hi. I'm Mark. Are you enjoying the conference / fair / course / meeting?"
Hallo. Ich bin Mark. Gefällt Ihnen/dir die Konferenz / Messe / der Kurs / die Veranstaltung?

"Hello. I'm Sandra. Did you enjoy the presentation this morning?"
Hallo. Ich bin Sandra. Hat Ihnen/dir die Präsentation heute Morgen gefallen?

"Hi. I'm Francis. Is this your first time in London?"
Hallo. Ich bin Francis. Sind Sie/bist du zum ersten Mal in London?

"Are you here with a group / *company name*?"
*Sind Sie/bist du hier mit einer Gruppe / *Firmenname*?*

Ein kurzes Gespräch:

Susan: "Hi there, I'm Susan. Is this your first time here? I don't think we've met before."
Hans: "No, we haven't. I'm Hans. Pleased to meet you!"
Susan: "Are you enjoying the conference?"
Hans: "Yes, it's been very interesting. But it's so cold here, isn't it?"

Susan: Hallo, ich bin Susan. Bist du zum ersten Mal hier? Ich glaube nicht, dass wir uns schon einmal getroffen haben.
Hans: Nein, haben wir nicht. Ich bin Hans. Schön, dich kennenzulernen!
Susan: Gefällt dir die Konferenz?
Hans: Ja, sie war bisher sehr interessant. Aber es ist ziemlich kalt hier, oder?

Jeder redet gerne über das Wetter – du könntest also sagen:
"It's cold / freezing / warm / hot today, isn't it?"
Es ist kalt / eiskalt / warm / heiß heute, oder?

A: "What's the weather like back in Germany / in China / home now?"
B: "It's terribly wet / rather cold / a little foggy / quite sunny back home now. What about in ... ?"
A: Wie ist gerade das Wetter in Deutschland / in China / zu Hause?
B: Zu Hause ist es gerade furchtbar nass / ziemlich kalt / ein wenig neblig / ziemlich sonnig. Wie ist es in ... ?

Wenn du im Restaurant bist, kannst du fragen, ob du dich zu einer Gruppe an den Tisch setzen kannst:

"Hello, my name is Gordon Sumner. Is it OK if I join your group?"
Hallo, ich heiße Gordon Sumner. Wäre es in Ordnung, wenn ich mich eurer Gruppe anschließe?

Excuse me. Do you mind if I sit here?
Entschuldigung. Macht es Ihnen/euch etwas aus, wenn ich mich hierher setze?

So kannst du am Tisch ein Gespräch beginnen:

This curry is delicious! Have you tried it?
Dieses Curry ist vorzüglich! Haben Sie/hast du es probiert?

Are you enjoying the meal?
Schmeckt es Ihnen/dir?

A: "Sorry. Could you pass me the wine, please?"
B: "Here you are. It's very good, isn't it? Do you like wine?"
A: Entschuldigung. Könntest du mir bitte den Wein reichen?
B: Hier bitte. Er ist sehr gut, oder? Magst du Wein?

Mit Fragen zur Arbeit und zu den Hobbys deiner Tischnachbarn zeigst du, dass du an ihnen interessiert bist.

What business are you in? / How long have you been in cosmetics?
Was machen Sie/machst du beruflich? / Wie lange arbeiten Sie/arbeitest du schon in der Kosmetikbranche?

This is my first time in London. Are you from around here?
Ich bin zum ersten Mal in London. Sind Sie/bist du aus der Gegend?

Have you visited the museum here? It is spectacular!
Haben Sie/hast du das Museum hier besucht? Es ist spektakulär!

Ein typisches Gespräch:

A: "Do you have much free time? "
B: "Are you joking? Not really, but I love golf."
A: "Really? So do I! Perhaps we could play on Saturday. The golf course here is very good."
B: "That would be fantastic. Thanks for the invitation."

A: Hast du viel Freizeit?
B: Machst du Witze? Nicht wirklich, aber ich liebe Golf.
A: Wirklich? Ich auch! Vielleicht könnten wir am Samstag spielen. Der Golfplatz hier ist sehr gut.
B: Das wäre fantastisch. Danke für die Einladung.

Ich habe es ja bereits mehrmals erwähnt und möchte es nochmals betonen: Engländer legen größten Wert auf gute Manieren. Die *please disease* hat die gesamte Bevölkerung Großbritanniens fest im Griff. Es wäre gut, wenn auch du dich von dieser Krankheit anstecken ließest! Vergiss nicht, nach jeder Bitte *please* bzw. wenn du etwas annimmst, *thank you* zu sagen. Antworte zum Beispiel niemals einfach mit *Yes* oder *No*; es ist höflicher, mit *Yes, please* oder mit *No, thank you* zu antworten. Schau dir bitte diese Beispiele an:

I'd love a cup of coffee, thank you!
Ich hätte gerne eine Tasse Kaffee, danke!
Thank you for the wonderful evening.
Danke für den schönen Abend.

Wenn es dir erst einmal gelungen ist, ein Gespräch ins Laufen zu bringen, ist es wichtig, dass du die Ohren spitzt und deinen Gesprächspartnern gut zuhörst. Es ist entscheidend, dass du dich für deine Mitmenschen interessierst, ansonsten werden diese Menschen deiner Gesellschaft bald überdrüssig sein. Höre gut zu und greife die Worte deines Gesprächspartners auf, um eine gute Beziehung aufzubauen.

Es gibt verschiedene Arten von Fragen, die du einsetzen kannst, um im Englischen ein Gespräch aufzubauen.

1 OPEN QUESTIONS

"What do you like doing in your free time?"
Was machst du gerne in deiner Freizeit?
"Where did you go to university?"
Wo bist du zur Universität gegangen?

Diese Fragen führen in der Regel nicht zu einer trockenen Antwort wie 'ja' oder 'nein', sondern sind ideal, um ein Gespräch anzubahnen.

Im Allgemeinen werden solche Fragen durch eines dieser Worte eingeleitet:

Question word	Translation	Example
What	Was	What did you study at college?
Where	Wo	Where does your family come from originally?
When	Wann	When did you arrive?
Who (Whom)	Wer	Who is that man over there in the hat?
Why	Warum	Why don't you come for a drink?
How	Wie	How did you find this job?

2 NEGATIVE QUESTIONS

"Isn't the weather terrible today?"
Ist das Wetter heute nicht schrecklich?
"Don't you think the situation in Europe is improving?"
Meinst du nicht, dass sich die Lage in Europa gerade verbessert?

Mit *negative questions* kannst du nach einer Meinung fragen und gleichzeitig deine eigene Meinung äußern. So machst du dein Interesse an den Ansichten anderer deutlich (vor allem, wenn du dir die Antwort anhörst!). Negative Fragen kannst du auch verwenden, wenn du dich einer Sache vergewissern möchtest.

3 QUESTION TAGS

"You are Mr. Hewson, aren't you?"
Sie sind Mr. Hewson, oder?
"The new project will result in extra work for everyone, won't it?"
Das neue Projekt wird zu Überstunden für alle führen, stimmt's?

Question tags kann man wie *negative questions* dazu verwenden, sich einer Sache nochmals zu vergewissern. In solch einem Fall betonst du den letzten Teil des Satzes, indem du - wie bei einer Frage - mit der Satzmelodie nach oben gehst. Du kannst diese Fragen aber auch einsetzen, um herauszufinden, ob deine Gesprächspartner mit dir einig sind; in diesem Fall wird das Satzende nicht wie eine Frage, sondern wie eine Aussage betont.

4 STATEMENTS WITH A QUESTION MARK

"You live in the centre of New York?"
Du wohnst im Zentrum von New York?
"You don't agree?"
Du bist nicht einverstanden?

Du kannst aus jedem beliebigen Satz eine Frage machen - mit der entsprechenden Satzmelodie am Ende. So kannst du im Verlauf eines Gesprächs Informationen überprüfen und dein Gegenüber dazu anregen, mehr Einzelheiten preiszugeben. Du kannst den Sinn deiner Frage komplett verändern, wenn du einem Wort mehr Nachdruck verleihst als dem anderen. In der Praxis entscheidest du, worauf du die Aufmerksamkeit lenken möchtest. Schau dir an, wie sich die Bedeutung einer Frage ändern kann - je nachdem, welches Wort du mehr betonst.

A: "You live in the centre of NEW YORK?"
B: "Yes, it's probably the most exciting city in the world!"
A: Du wohnst im Zentrum von NEW YORK?
B: Ja, es ist vermutlich die aufregendste Stadt der Welt!

A: “You LIVE in the centre of New York?”
B: “Oh, no. I’m sorry, I didn’t understand your question. I work there, but I live in...”
A: Du WOHNST im Zentrum von New York?
B: Oh, nein. Entschuldigung, ich habe deine Frage nicht verstanden. Ich arbeite dort, aber ich wohne in...

5 CLOSED QUESTIONS

“Do you know Mr. Howell Evans?”
Kennst du Mr. Howell Evans?
“Would you like another cake?”
Möchtest du noch einen Kuchen?

Closed questions können bei einem Gespräch nützlich sein, aber achte darauf, dass du nicht spartanisch nur mit *Yes* oder *No* antwortest. Liefere, wenn möglich, noch einige zusätzliche Informationen zu der Frage, die dir gestellt wurde.

A: “Have you met Mr. Howell Evans?”
B: “Yes, I **bumped into** him at the premiere of *Batman* in New York.”
A: Hast du Mr. Howell Evans getroffen?
B: Ja, ich bin ihm bei der Premiere von Batman *in New York zufällig in die Arme gelaufen.*

A: “Would you like some more tea?”
B: “Yes, that would be fantastic. Thanks!”
A: Möchtest du noch Tee?
B: Ja, das wäre fantastisch. Danke!

LESSON

BESONDERE ANLÄSSE FEIERN

Celebrating special occasions

Auf der ganzen Welt gibt es Tage, an denen besondere Ereignisse gefeiert werden: *Special occasions*, bei denen man Glückwünsche und Botschaften austauscht. Hier findest du einige Beispiele aus der Tradition Großbritanniens.

GEBURTSTAGE

Happy Birthday to you!
Many happy returns!
Best wishes to your wife / mother / daughter/ son!

HOCHZEITEN UND JAHRESTAGE

Congratulations!
All the best for your tenth anniversary!
Here's to many more happy years together! (Ein Trinkspruch auf das Brautpaar, bei dem man diesem zuprostet.)

FESTTAGE UND URLAUB

Merry Christmas!
Happy New Year! / Happy Easter!
All the best for a happy New Year!
Have a good holiday!
Have a good trip!

SONSTIGE ANLÄSSE

Congratulations on your promotion / new job / new posting to...
All the best for...

WIE MAN IN KONTAKT BLEIBT

How to keep in contact

Die folgenden Sätze kannst du verwenden, um Kontakte aufrechtzuerhalten. Eine gute Voraussetzung sind der Austausch von Visitenkarten und persönlichen Daten (wie E-Mail-Adresse und Telefonnummer).

"It was good meeting you. Let's keep in touch!"
Es war schön, dich zu treffen. Bleiben wir in Kontakt!

"Here's my card. Give me a call."
Hier ist meine Visitenkarte. Ruf mich an.

"This is my e-mail address. Let me know when you're coming to Hannover."
Das ist meine E-Mail-Adresse. Gib mir Bescheid, wenn du nach Hannover kommst.

"Let's keep in touch. Are you on LinkedIn / Facebook?"
Bleiben wir in Verbindung. Bist du auf LinkedIn / Facebook?

"Thanks for all your help today. See you later."
Vielen Dank für deine Hilfe heute. Bis später.

"Have a nice day / meal / stay / life..."
Einen schönen Tag / guten Appetit / schönen Aufenthalt / ein angenehmes Leben...

EXERCISE

Verbinde die Sätze auf der linken Seite bitte mit den entsprechenden Sätzen auf der rechten Seite und vervollständige so die Dialoge.

1	Mary, this is Simon.	A	Here you are.
2	Are you enjoying the conference?	B	I'm in pharmaceuticals.
3	What's the weather like in your country?	C	No. I first came here 3 years ago.
4	Could you pass me the salt, please?	D	That's right. I am.
5	What business are you in?	E	Yes, it's been very interesting.
6	Is this your first time in England?	F	Thank you. See you soon.
7	You are Joan Simmons, aren't you?	G	Pleased to meet you, Simon!
8	Would you like another cup of tea?	H	Sure. Here is mine.
9	Have a good trip!	I	Yes, please.
10	Can I give you my business card?	J	I think it is raining today.

SOMETHING STRONG - Etwas Starkes - also ein hochprozentiges Getränk.

I WEAR MANY HATS - Ich nehme viele Rollen ein / übe verschiedene Funktionen aus. Ein idiomatischer Ausdruck.

SMART - (GB) In England heißt *smart* so viel wie elegant, schick. Es wird hauptsächlich vewendet, um die Kleidung einer Person zu beschreiben. (USA) In den Vereinigten Staaten beschreibt man mit *smart* den Intellekt einer Person. *If you're smart,* dann bist du intelligent, klug.

ATTEND - *To attend* bedeutet 'teilnehmen', im Sinne von 'anwesend sein'. Aber Achtung: Im Englischen gibt es für 'teilnehmen' noch ein anderes Wort - to *participate*. *Participate* und *attend* werden unterschiedlich gebraucht. Wir Engländer sagen fast nie *I participate in the meeting* (wenn du das aber unbedingt so sagen möchtest, dann merke dir wenigstens, dass auf das Verb *to participate* die Präposition *in* folgt...). Stattdessen kannst du sagen *I take part in a meeting* oder auch *I attend a meeting*. Worin liegt der Unterschied? *To attend* bedeutet teilnehmen, ohne aktiv beteiligt zu sein. Du bist also lediglich anwesend. *To take part* hingegen heißt, dass du aktiv an der Veranstaltung beteiligt bist, also einen Beitrag dazu leistest.

AFFORD - In unserer Geschichte heißt *afford* 'sich etwas leisten': Das Hotel hat nicht genügend Geld, um Werbung bezahlen zu können. Es ist aber nicht immer eine Frage des Geldes: Wenn du eine Arbeit dringend zu Ende bringen musst, *you can't afford to take a break for lunch*... Du hast so viel zu tun, dass du es dir nicht einmal leisten kannst, eine Mittagspause einzulegen. Genauso kann man *to afford* auch im gegenteiligen Sinn verwenden: Der FC Bayern war dabei, 6-0 zu gewinnen, *they could afford to relax* - sie konnten es sich leisten, zu entspannen. *To afford* kann man auch im Sinne von 'riskieren' verwenden: *You can't afford to insult a policeman, he'll arrest you* - du kannst es dir nicht erlauben, einen Polizisten zu beleidigen, er wird dich sonst verhaften!

TO BUMP INTO - Jemanden völlig unerwartet treffen, jemandem über den Weg laufen.

CHAPTER

13

Money

Salaries, wages, banks and your money
Opening a bank account
Cheques
Debit, pre-paid and credit cards
Money transfer
How to write and say amounts of money

CHAPTER THIRTEEN

Money

Andreas starrt auf den Scheck in seiner Hand und denkt... "Haben sie sich tatsächlich wie zwei Teenager vor meinen Augen geküsst? Schämen sie sich denn gar nicht?!"

Er steht vor der Kneipe, in der er sich mit Kristen treffen sollte; er wartet bereits 20 Minuten... Frauen sind doch überall gleich. Im Grunde genommen ist er ihr aber dankbar: Sie hat ihm nämlich ihre Hilfe bei der Eröffnung eines Bankkontos zugesagt.

"Hi Andreas!"

Da steht sie und strahlt übers ganze Gesicht; Andreas strahlt ebenfalls, als er sie sieht, und schafft es nicht, das Strahlen einzustellen.

"Sorry I'm a bit late. Let's forget the coffee and go directly to the bank, okay?"

Entschuldigung, ich bin ein bisschen spät dran. Vergessen wir den Kaffee und gehen direkt zur Bank, okay?

"Sure, no problem", antwortet Andreas. "Is everything OK, Kristen?"

Sicher, kein Problem. Ist alles okay, Kristen?

"Fine, fine... just **took longer** on the underground this morning."

Alles okay... Es hat heute Morgen nur mit der U-Bahn länger gedauert.

Kristen geht schnell, und Andreas folgt ihr.

Sie betreten die Bank und reihen sich in die Warteschlange ein.

"Have you got your passport?", fragt sie.

Hast du deinen Reisepass?

"I haven't got a passport... I've got my identity card and my driving licence. OK?"

Ich habe keinen Reisepass... Ich habe meinen Personalausweis und meinen Führerschein. Okay?

"I think so. We'll ask the clerk what they need."

Ich denke schon. Wir fragen den Angestellten, was sie brauchen.

Sie sind an der Reihe. Kristen schiebt Andreas nach vorn.

"I want to open a bank account."
Ich möchte ein Konto eröffnen.
Der Angestellte schaut ihn ungerührt an.

Kristen flüstert ihm ins Ohr: "Say 'please'!"
"Errr... please."
"You'll need to speak to the Assistant Manager. Just a moment, I'll see if he's free. Here's a form you need to fill in while you're waiting."
Sie müssten mit dem stellvertretenden Direktor sprechen. Einen Augenblick. Ich schaue nach, ob er Zeit hat. Hier ist ein Formular, das Sie ausfüllen können, während Sie warten.

GEHÄLTER, LÖHNE, BANKEN UND GELD

Salaries, wages, banks and your money

Im Vereinigten Königreich werden Arbeitnehmer wöchentlich (sie erhalten *wage*) oder monatlich (sie erhalten *salary*) bezahlt. Im Allgemeinen werden niedrigere Arbeiten wöchentlich bezahlt, während besser bezahlte Jobs monatlich bezahlt werden. Das Geld kann **in cash**, **by cheque**, oder – was häufiger der Fall ist – per **bank transfer** oder **direct deposit** (das Gehalt wird direkt dem Bankkonto gutgeschrieben) ausbezahlt werden.
In unserer Geschichte wird Andreas *by cheque* bezahlt. Er muss also ein Bankkonto eröffnen, um ihn einlösen zu können. Tatsächlich kann man im Vereinigten Königreich Schecks in den meisten Kaufhäusern und Supermärkten einlösen. Es gibt auch spezielle Läden, die Schecks gegen eine kleine **fee** oder einen **percentage** des Betrags einlösen.
Aber warum nicht trotzdem ein Bankkonto eröffnen? Das ist nämlich gratis!

EIN BANKKONTO ERÖFFNEN

Opening a bank account

Die zwei wichtigsten Bankkontotypen sind:
1 **Das Girokonto** - *current account* (GB) - *checking account* (USA)
2 **Das Sparkonto** - *deposit account* oder *savings account*

Ein Konto dient dazu, die täglichen Bankgeschäfte abzuwickeln. Damit einher gehen Angebote wie das **chequebook**, Kreditkarten (*credit cards*) und das Bankeinzugsverfahren (*direct debit*). Auf einem Sparkonto erhältst du einen höheren Zinssatz - vorausgesetzt, das Geld wird für eine bestimmte Zeitdauer dort angelegt.

Let's open a current account!
Zuallererst entscheidest du dich für eine Bank. Hierzu solltest du wissen, dass die meisten Banken im Vereinigten Königreich ihre wichtigsten Dienstleistungen kostenlos anbieten. Vergewissere dich, dass du im Besitz aller notwendigen Papiere bist: Die Bank wird einen Identitätsnachweis und deine aktuelle Anschrift verlangen. Du brauchst also deinen Reisepass, Personalausweis oder Führerschein. Wenn du aus einem Nicht-EU-Land kommst, benötigst du eine **work permit** und einen Nachweis darüber, dass du deinen festen Wohnsitz dort hast (zum Beispiel eine auf deinen Namen lautende Strom- oder Wasserrechnung - *household bill*). Welche Unterlagen notwendig sind, kann von Bank zu Bank variieren; erkundige dich also direkt bei der Filiale - sie werden dir gerne behilflich sein.
Dann ist alles ganz einfach: Du gehst zur Bank und erkundigst dich am Schalter (*bank teller*) oder bei einem Angestellten (*clerk*):

"Good morning. Can I open a bank account here, please?"
Guten Morgen. Kann ich hier bitte ein Bankkonto eröffnen?

"Can you help me? I'd like to open a bank account, please."
Können Sie mir helfen? Ich würde gerne ein Bankkonto eröffnen.

"Could you tell me which documents I need to open an account here?"
Könnten Sie mir sagen, welche Dokumente ich brauche, um hier ein Bankkonto zu eröffnen?

Die Bank wird einen *credit check* (Überprüfung der Kreditwürdigkeit) durchführen, bevor du das Konto eröffnen kannst, und dir ein Scheckbuch, eine *debit card* und eine *credit card* aushändigen. Du wirst auch einen festgelegten Mindestbetrag einzahlen müssen. Die besten Konditionen bekommst du bei Online-Banken, bei denen sämtliche Dienste, einschließlich des *overdraft* (Dispokredit), gratis sind, und die *possibility to overdraw* (die Möglichkeit, das Konto zu überziehen) bis zu einer vereinbarten Grenze zu einem *low* **interest rate** (niedrigen Zinssatz) eingeräumt wird.

SCHECKS

Cheques

Schecks sind im Vereinigten Königreich immer noch weit verbreitet und werden überall akzeptiert. Von deiner Bank erhältst du auch eine **cheque guarantee card**: Diese Karte garantiert, dass die Bank im Falle von Problemen für den Betrag des Schecks, den du ausgestellt hast, bürgt. Wenn du einen Kauf per Scheck tätigst, kann es vorkommen, dass du die Nummer dieser *card* auf der Rückseite des Schecks angeben musst.
Beim Einkauf in einem Laden kannst du Folgendes fragen:

"Can I pay by cheque?"
Kann ich mit Scheck bezahlen?

"Do you take cheques here?"
Akzeptieren Sie hier Schecks?

LESSON

BANCOMAT, PREPAID-KARTEN UND KREDITKARTEN

Debit, Pre-paid and Credit cards

Im Vereinigten Königreich und in Amerika bieten die Banken im Prinzip dieselben Karten an, wie es sie in anderen Ländern gibt, aber mit ein paar Unterschieden:

DEBIT CARDS

Eine *debit card* ist die Karte, mit der man am Geldautomaten Geld abheben kann... Mit einer **debit card** kann man über ein Netz von **cash points** (Geldautomaten) - auch *cash machines* oder *ATMs (Automatic Teller Machine)* genannt - Geld direkt von einem Girokonto abheben - **withdraw money**. Mit einer *debit card* kannst du auch einkaufen oder ein Essen im Restaurant bezahlen.

Wenn du einen Bankomat suchst, weil du Geld abheben möchtest, kannst du fragen:
"Excuse me, is there a cash point near here, please?"
Entschuldigung, gibt es hier in der Nähe einen Geldautomaten?

Bist du in einem Laden und möchtest fragen, ob du mit deiner EC-Karte bezahlen kannst, könnten dir folgende Sätze nützlich sein:
"Do you take debit cards?"
Akzeptieren Sie EC-Karten?
"Do you accept payment by debit card?"
Akzeptieren Sie Zahlung per EC-Karten?
"Can I pay by debit card?"
Kann ich mit EC-Karte bezahlen?

DEBIT CARDS AND CASH BACK

In den meisten Supermärkten oder Kaufhäusern im Vereinigten Königreich kann es vorkommen, dass man dich an der Kasse fragt, ob du **cash back** möchtest, wenn du mit einer *debit card* bezahlt hast. Tatsächlich kannst du auf diese Weise bis zu 50 Pfund von deinem Konto abheben. Glaube aber nicht, dass sie dir das Geld schenken! Es ist lediglich eine andere Art, Geld abzuheben. Lies dir diesen typischen Dialog durch, der sich an einer Kasse abspielt:

Cashier: "Would you like any cash back (with that)?"
Customer: "Yes, I'd like £20, please."
Cashier: "Here you are."
Customer: "Thanks, bye."
Cashier: "Thank you. Have a nice day!"
Kassiererin: Möchten Sie abheben?
Kundin: Ja, ich hätte gerne £20, bitte.
Kassiererin: Bitteschön.
Kundin: Danke, auf Wiedersehn.
Kassiererin: Danke, ebenfalls. Einen schönen Tag!

Geschäfte, die du mit deiner EC-Karte abwickelst, funktionieren in der Regel nur, wenn dein Konto ausreichend gedeckt ist. Sowohl in Großbritannien als auch in Amerika kannst du aber mit deiner Visa-Karte oder deiner Mastercard innerhalb eines gewissen Rahmens überziehen. Pass aber auf - wenn du mit deinem Konto ohne vorherige Absprache mit deiner Bank in die roten Zahlen gehst, ist der Zinssatz wirklich sehr hoch!

PRE-PAID DEBIT CARDS

Prepaid-Karten sind unabhängig von deinem Bankkonto; der Geldbetrag wird direkt auf die Karte geladen. Dies ist eine sichere Zahlungsmethode, wenn du im Internet einkaufst oder wenn du auf Reisen bist. Britische Banken und Einkaufszentren bieten ein breites Spektrum an Prepaid-Karten wie *youth cards, gift cards, travel cards* und *virtual cards* (für Online-Käufe) an.

CREDIT CARDS

Der Großteil der Banken verlangt eine monatliche Gebühr für *credit cards*. Im Wesentlichen ist dieser Kartentyp weltweit gleich; du solltest dennoch wissen, dass die Banken im Vereinigten Königreich sehr hohe Zinsen und Zuschläge verlangen, wenn sich die Zahlung verzögert.

ÜBERWEISUNGEN

Money transfer

Im Vereinigten Königreich benötigst du den **SWIFT code**, um Geld von einem Konto auf ein anderes zu überweisen, also eine Identifikationsnummer (*Bank Identifier Code - BIC*). Innerhalb der EU verwenden die Banken die *International Bank Account Number (IBAN)*.

In den USA hingegen gibt die *BIC* die Bank an, an die das Geld überwiesen wird. Zur Zahlung nutzt man *CHIPS* oder das *Fedwire system*.

Wenn du in der Bank Hilfe brauchst, kannst du sagen:

"How can I transfer money to the USA?"

Wie kann ich Geld in die Vereinigten Staaten überweisen?

"Could you tell me how to transfer money to Germany, please?"

Könnten Sie mir bitte sagen, wie ich Geld nach Deutschland überweisen kann?

Öffnungszeiten der Banken im Vereinigten Königreich

Monday to Friday 09:00 / 9:30 to 15:30 / 16:00 (some banks close at 17:30)

Saturday 9:00 / 9:30 to 12:30 / 15:30

Viele Banken schließen an einem Wochentag später; sie bleiben dann bis 17:30 / 18:00 geöffnet.

Banken in England und Wales haben durchgehende Öffnungszeiten, während sie in Schottland und Nordirland über Mittag eine Stunde schließen.

WIE MAN GELDBETRÄGE SCHREIBT UND AUSSPRICHT

How to write and say amounts of money

Wenn du im Englischen einen Geldbetrag schreibst, steht immer das Symbol für das Pfund Sterling (pound, £) vor der Zahl, ohne Zwischenraum.
Beispiel: fifty pounds = £50.
Besteht der Betrag nur aus **pence**, dann fügst du den Kleinbuchstaben **p** gleich nach der Zahl hinzu. Oft wird nur das 'p' ausgesprochen – zum Beispiel: 10p liest man 'ten pi' (oder 'ten pence').
Musst du hingegen einen Betrag schreiben, der sich aus *pounds* und *pence* zusammensetzt, dann steht das Symbol für Pfund Sterling vor der Zahl (das 'p' wird dann nicht geschrieben und in der Regel auch nicht gesprochen); außerdem trennt man *pounds* und *pence* durch einen Punkt – Achtung: *Pence* werden nie durch ein Komma abgetrennt. Das Komma brauchst du für Zahlen über Tausend... Ihr fahrt nämlich nicht nur auf der falschen Straßenseite, ihr wisst auch nicht, wie man Zahlen richtig schreibt. Schau dir diese Beispiele an:
Zwölf Pfund und zwanzig Pence = £12.20 = Twelve pounds twenty (pence)
Eintausenddreihundertsiebenundzwanzig Pfund und fünfzig Pence = £1,327.50 = One thousand, three hundred and twenty-seven pounds fifty (pence)

Du solltest wissen, dass man von *pounds* im Plural spricht, wenn es um den Betrag geht. Wenn du aber eine Münze oder eine Banknote bezeichnest, dann bleibt *pound* im Singular.
5 pounds / 5 pound note; 25 pounds / 25 pound note etc.

Schlage bitte im TOOLKIT am Ende des Buches nach: Dort findest du Begriffe rund ums Thema Geld und Banken, die häufig verwendet werden.

GLOSSARY

TOOK LONGER – Es hat länger gedauert.

IN CASH – bar

BY CHEQUE – per Scheck. Im *American English* heißt Scheck *check*.

BANK TRANSFER – Überweisung

DIRECT DEPOSIT – Einzahlung

FEE – Gebühr

PERCENTAGE – Prozentsatz

CHEQUEBOOK (UK) – Scheckbuch; im *American English* heißt es *checkbook*.

WORK PERMIT – Arbeitserlaubnis

INTEREST RATE – Zinssatz

CHAPTER

14

Meetings

In a meeting

CHAPTER FOURTEEN

Meetings

Andreas sitzt Stephen, dem Küchenchef, gegenüber und schwärmt diesem von seinem Lieblingsgericht vor, Würstchen mit Kartoffelsalat, das er schon so lange nicht mehr gegessen hat.... Da betritt Jimmy den Raum und wendet sich an Andreas. “Ms Peters is free now, Andreas. Are you ready?”
Ms Peters hat jetzt Zeit, Andreas. Bist du bereit?
Jimmy weiß genau Bescheid über das Projekt von Andreas. Sie haben am Vorabend stundenlang darüber geredet. Er ist sich nicht sicher, ob es funktionieren kann, aber mit Sicherheit wird er Andreas voll unterstützen.
Andreas betritt Ms Peters' Büro und schenkt ihr sein strahlendstes und breitestes Lächeln.
“What can I do for you, handsome?”, fragt sie.
Was kann ich für dich tun, mein Hübscher?
Andreas lächelt eisern weiter und atmet tief durch.
“We must make changes, Ms Peters.”
Wir müssen etwas ändern, Ms Peters.
“Call me Barbara, Andreas... please.”
Sag Barbara zu mir, Andreas... bitte.
“Well, Barbara. I have some ideas. We must change things at the hotel. We can open the bar and restaurant to the public. Why keep it for guests only? Right? We'll transform the bar. We'll **make a name** for the restaurant with good fusion food; we'll also introduce good wine and make good... how do you say Ambiente... atmosphere? I have already talked to Stephen and he agrees with me... we can make a great menu. We'll use lots of local ingredients, genuine food, not pre-prepared dishes out of a packet like most restaurants.”
Okay, Barbara. Ich habe einige Ideen. Wir müssen im Hotel einiges ändern. Wir können die Bar und das Restaurant für die Öffentlichkeit zugänglich machen. Warum sollen wir es nur den Gästen vorbehalten? Oder? Wir verändern die Bar. Wir machen uns einen Namen als Restaurant mit guter Fusion-Küche; wir führen auch guten Wein ein und schaffen ein gutes... wie sagt man Ambiente... Atmosphäre? Ich habe schon mit Stephen, gesprochen, und er ist ein-

verstanden... Wir können ein tolles Menü zusammenstellen. Wir verwenden viele lokale Zutaten, bieten naturbelassene Speisen an – keine vorgekochten Fertiggerichte, wie es sie in den meisten Restaurants gibt.

SO HEISST ES RICHTIG

Hier lauern einige Fallen! Anders als im Deutschen, braucht Andreas im Englischen hier das *Future Simple,* weil sich seine Vorschläge auf die Zukunft beziehen. Und weil er diese Vorschläge sehr spontan macht, gebraucht er das “will future”. *Last, but not least*: Ein *already* im Satz dient als Signalwort für das *present perfect*.

Ms Peters lächelt und nickt. Andreas ist sich nicht ganz sicher, ob sie ihm überhaupt zuhört, aber er ist ganz in seinem Element und kann nicht mehr aufhören zu reden.
“We’ll have a Happy Hour in the bar on Wednesday and Thursday evenings... evenings when nobody ever comes here.” , fügt Andreas hinzu. Ms Peters nickt wiederum.
Wir bieten mittwochabends und donnerstagabends eine Happy Hour in der Bar an... – das sind die Abende, an denen nie jemand kommt.

SO HEISST ES RICHTIG

Wochentage erfordern im Englischen die Präposition *on* und dann folgt irgendwann ein Plural. In diesem Fall wurde aus *evening evenings*.

Andreas fährt fort: “Then we’ll offer a special deal to customers of the restaurant: a free cocktail after dinner in the bar. You know, so then people will stay in the bar... they’ll drink more, and spend more money.”
Dann machen wir den Restaurantgästen ein besonderes Angebot: einen kostenlosen Cocktail an der Bar nach dem Essen. Wissen Sie, so bleiben die Leute dann noch an der Bar... Sie trinken mehr und geben mehr Geld aus!
“There’s one problem, Andreas”, unterbricht ihn Ms Peters. “How will anyone know about these changes?”
Da gibt es ein Problem, Andreas. Wie sollen die Leute von diesen Veränderungen erfahren?

"We'll advertise, Ms Peters. We're going to make a Facebook page and some posters... it won't be so expensive, you know? We can give a discount through an Internet discount site. It's like free advertising: they offer all their members a special coupon. We can offer a one time discount. People will come and discover us! It's brilliant, isn't it?"
Wir werden Werbung machen, Ms Peters. Wir machen eine Facebook-Seite und stellen Plakate her... Das wird nicht so teuer, wissen Sie? Wir können über eine Internet-Rabattseite einen Preisnachlass gewähren. Das ist wie kostenlose Werbung: Alle Mitglieder erhalten einen speziellen Coupon. Wir können einen einmaligen Rabatt anbieten. Die Leute werden kommen und uns entdecken. Genial, oder?

Ms Peters schaut ihn mit offenem Mund an. "These ideas are wonderful! I was just going to repaint it. How much do you need?"
Diese Ideen sind wunderbar! Ich hatte lediglich vor, neu zu streichen. Wie viel Geld brauchst du?

Andreas ist so glücklich, dass er ohne nachzudenken die breiten Schultern von Ms Peters in die Arme schließt.
Big mistake! Bevor er weiß, wie ihm geschieht, wird er überall befingert, mit Küssen überhäuft und heißer Atem umgibt ihn... Um ihn herum wird alles schwarz, er kann sich nicht mehr rühren. Andreas fleht sie an "Ms Peters..."
"Call me Barbara...", sagt sie. "Barb..." und wiederum versagt seine Stimme, während sich ein Schauer von Küssen über ihm entlädt.
"Ms Peters!", ruft Jimmy laut aus dem Nebenzimmer. Ms Peters schaut zu Andreas und flüstert: "**I'll be straight back**, baby". Sie verlässt den Raum. Im selben Augenblick taucht Mark auf, wirft einen Blick auf Andreas und fragt: "Und – hat ihr die Idee gefallen?"
"Ich glaube, ja", antwortet Andreas, während er sich das Hemd wieder zuknöpft.

IN EINER BESPRECHUNG

In a meeting

Du hast eine großartige Idee und der Moment ist gekommen, sie deinen Kollegen mitzuteilen. Schauen wir einmal, wie du deine Ideen während einer Besprechung einbringen kannst. Ich habe drei wichtige Tipps für dich:

1 BELIEVE IN YOURSELF

Wer, wenn nicht du, soll an deine Ideen glauben? Unterschätze dich nicht und sei positiv eingestellt. Es ist kein Zufall, dass die schlichte Idee des "positiven Denkens" sich in Buchform millionenfach weltweit verkauft.

2 BACK UP YOUR IDEAS

Präsentiere deine Idee anhand konkreter Beispiele; nimm dir Statistiken, Fakten oder Forschungsergebnisse zu Hilfe. Damit stützt du deine Vorschläge und verschaffst dir Glaubwürdigkeit.

3 INVOLVE EVERYONE

Bitte deine Kollegen um ihre Meinung und höre ihnen zu; denk daran, sie bei ihrem Namen zu nennen. Letzten Endes werden deine Gedanken vielleicht nicht immer aufgegriffen, aber sie können dem Team helfen, neue Lösungsansätze zu finden. Die anderen werden deine Beiträge schätzen.

Präsentiere deine Idee mit Begeisterung:
I'm positive that we will succeed if...
Ich bin zuversichtlich, dass wir erfolgreich sind, wenn...
I really feel that **the way forward** is...
Ich spüre deutlich, dass es der richtige Weg ist...

I absolutely believe that the answer is...
Ich bin mir absolut sicher, dass die Antwort lautet...

Du kannst auch eine Alternativlösung vorschlagen:
Why don't we...? *Warum machen wir nicht...?*
How about...? / What about... ? *Wir wäre es mit... / Was meint ihr zu...?*
The way I see things we should... *Wie ich die Sache sehe, sollten wir...*

So kommentierst du, was ein Anderer sagt:
That's interesting! I never thought about it that way before. *Das ist interessant! Ich habe es noch nie auf diese Weise betrachtet.*
I see what you mean. *Ich verstehe, was Sie meinen.*
Good point! *Gutes Argument!*

So kannst du deine Meinung darlegen:
I feel that we could... *Ich denke, wir könnten...*
I'm sure we can... *Ich bin sicher, wir können...*
In my opionion, we must... *Meiner Meinung nach müssen wir...*

Deine Zustimmung kannst du zum Beispiel so ausdrücken:
I totally agree with you. *Ich bin ganz Ihrer Meinung.*
Precisely! / Exactly! *Genau!*
That's it! That's the answer! *Das ist es! Das ist die Lösung/Antwort!*

Wenn du hingegen ausdrücken möchtest, dass du nicht einverstanden bist:
Unfortunately, I don't agree... *Leider kann ich dem nicht zustimmen...*
That's a good point, but... *Das ist ein gutes Argument, aber...*
I'm sorry, I see things differently. *Es tut mir leid, ich sehe das anders.*

So kannst du jemanden nach seiner Meinung fragen:
Do you have anything to add, James?
Hast du noch etwas hinzuzufügen, James?
Would you like to comment, Mr. Bird?
Möchten Sie das kommentieren, Mr. Bird?
Can we have your **input**, George?
Können wir deinen Beitrag hören, George?

Hat jemand nicht richtig erfasst, was du gesagt hast, dann kannst du es so nochmals unterstreichen:
I'm sorry but that isn't right. I said...
Es tut mir leid, aber das stimmt nicht. Ich habe gesagt...
I think you misunderstood my point.
Ich glaube, Sie/sie haben mich missverstanden.
That's not what I meant at all!
Das ist keinesfalls das, was ich meinte!

Hier siehst du, wie Richard Dyne den Kollegen bei Lunatic Film Productions seine Ideen nahebringt:

CEO Briggs:	OK. Could I have your ideas on how we can resolve the Sunset Boulevard situation?
George:	That film is a disaster. It's **running over cost** and I'm afraid we should consider **pulling the plug**...
Richard:	Can I speak here? I absolutely believe in this project! In my opinion we should **bring in** Clint. His experience as a director and his huge presence as an actor would **turn the project round** in an instant.
George:	I'm sorry, I can't agree with that. We cannot afford another big mistake.
CEO Briggs:	I see what you mean, George, but we have already invested $80 million, haven't we? Why don't we **put it in front of** Clint and see?
Richard:	I totally agree with that!
CEO Briggs:	Do you have anything to add, George?
George:	I'm not convinced this will work but let's see if Clint is interested...
Richard:	That's great! We can do this!
CEO Briggs:	OK. So we are all agreed. Good luck, Richard! **This is your baby now**.

CEO Briggs:	*Okay. Könnte ich Ihre Gedanken dazu hören, wie wir die Probleme bei Sunset Boulevard lösen können?*
George:	*Dieser Film ist eine Katastrophe. Die Kosten laufen aus dem Ruder, und ich fürchte, wir sollten darüber nachdenken, die Notbremse zu ziehen…*
Richard:	*Kann ich etwas dazu sagen? Ich glaube absolut an dieses Projekt! Meiner Meinung nach sollten wir Clint mit ins Boot nehmen. Seine Erfahrung als Regisseur und seine enorme Präsenz als Schauspieler würden dem Projekt im Nu zu einer Kehrtwende verhelfen.*
George:	*Tut mir leid. Ich kann dem nicht zustimmen. Wir können uns nicht noch einen weiteren großen Fehler leisten.*
CEO Briggs:	*Ich verstehe, was du meinst, George, aber wir haben bereits $80 Millionen investiert, oder? Warum machen wir Clint nicht den Vorschlag und sehen dann weiter?*
Richard:	*Ich bin ganz deiner Meinung!*
CEO Briggs:	*Hast du noch etwas hinzuzufügen, George.*
George:	*Ich bin nicht überzeugt, dass das funktioniert, aber schauen wir mal, ob Clint Interesse hat…*
Richard:	*Super! So können wir es machen!*
CEO Briggs:	*Okay. Dann sind wir uns alle einig. Viel Glück, Richard! Das ist jetzt deine Sache.*

FREE – In diesem Falle bedeutet es ‘frei’. Das heißt, Ms Peters ist frei von anderen Verpflichtungen. In einem anderen Kontext – wenn es um Geld geht – bedeutet *free* ‘gratis’.

MAKE A NAME – Das heißt, ganz wörtlich, ‘sich einen Namen machen’ - also einer bestimmten Sache wegen berühmt werden.

I’LL BE STRAIGHT BACK – Ich komme gleich wieder. *Straight* bedeutet unter anderem ‘direkt’. *I’ll go straight home*, heißt, dass ich direkt nach Hause gehe.

BACK UP – In diesem Fall wird Material geliefert, um eine Idee oder eine Meinung zu stützen. *Back up your idea* mit Statistiken, Recherchen oder Expertenmeinungen. *Back up* bedeutet auch ‘unterstützen’ oder ‘bestätigen’ ganz allgemein: Ein Polizist kann *back up* anfordern, wenn er sich in einer schwierigen Lage befindet – er kann um Verstärkung bitten. In der Informatik verwendet man *back up* für das Erstellen einer Sicherungskopie, mit der man sich vor Datenverlust im Falle eines Computerschadens schützt.

THE WAY FORWARD – Das ist die Strategie bzw. der Weg, der Fortschritt (oder Erfolg!) bringt.

INPUT – In diesem Fall bezeichnet *input* den Standpunkt einer Person in einer bestimmten Sache – ihren Redebeitrag. *Input* wird oft in einem Atemzug mit *output* verwendet; mit *input and output* bezeichnet man zum Beispiel Strom- oder Audioein- und -ausgänge, den Zulauf und Ablauf von Flüssigkeiten, etc. in einer Maschine. Diese Energieformen können auch als *the input* bezeichnet werden.

RUNNING OVER COST – Wenn die tatsächlichen Kosten einer Sache höher liegen als die im Haushalt dafür eingeplanten.

PULLING THE PLUG – ein Projekt einstellen.

BRING IN – Das Unternehmen beschließt, eine neue Person einzustellen oder ins Spiel zu bringen.

TURN (SOMETHING) ROUND – Eine bestimmte Situation vom Negativen ins Positive verwandeln.

PUT IT IN FRONT OF – Arbeit anbieten und dabei Einzelheiten des Projekts darlegen.

THIS IS YOUR BABY NOW – Jemandem die Verantwortung für ein Projekt übertragen; das Projekt ist das Kind… und wenn du ein Kind hast, dann kümmerst du dich darum. Oder etwa nicht?!

CHAPTER

15

Trade fairs

Trade fairs
Welcoming clients
Engaging with a prospect
Weighing up a prospect
Making a pitch
Sitting down
Closing a deal
International Commercial Terms

CHAPTER FIFTEEN

Trade fairs

Mark verbringt die zwei Stunden im Zug nach Birmingham damit, Susans Notizen zu studieren und sich Situationen auszumalen, in die er mit den Kunden geraten könnte. Der Zug verlangsamt sein Tempo, und er stopft schnell alle Blätter in seine Tasche. Kurz danach steht Mark vor den Toren des National Exhibition Centre in Birmingham – tief beeindruckt von der enormen Glasfassade des Gebäudes.

"Hi Mark! Did you have a good journey?" Jason Bridges steht am Stand von Rispa International. Sie schütteln sich freundschaftlich die Hände.
Hallo Mark! Hattest du eine gute Reise?
Sie haben nicht viel Zeit zu plaudern; ein paar Messebesucher stehen bereits am Stand und sehen sich Prospekte an. Jason nähert sich ihnen und begrüßt sie. Mark kann also eine Cafeteria suchen. Er braucht dringend einen Kaffee.

Kaum sitzt er, klingelt schon sein Telefon.
"Hi, this is Jason. Sorry to bother you but I have a couple of guys ready to sit down with you and discuss logistics."
Hallo hier ist Jason. Tut mir leid, dich zu stören, aber hier sind ein paar Leute, die sich mit dir zusammensetzen und über die Logistik unterhalten wollen.
"I'll be right there!" Mark trinkt seinen Kaffee mit einem Zug aus und kehrt an den Stand zurück.
Ich bin sofort da!

"This is Mark Wolf. Mark, let me introduce James Burns and Nancy Turner from GasNPA." Jason lächelt Mark freundlich zu.
Das ist Mark Wolf. Mark, darf ich dir James Burns und Nancy Turner von GasNPA vorstellen?
"Nice to meet you! Let's sit down over here", ruft Mark aus.
Freut mich, Sie kennenzulernen! Setzen wir uns dort drüben hin.

"Thanks, Mark. Can I call you Mark? Well, we're interested in your components but we understand your factories are in Germany."
Danke Mark. Darf ich Mark zu Ihnen sagen? Okay, wir interessieren uns für Ihre Komponenten, aber wir haben gehört, dass sich Ihre Fertigung in Deutschland befindet.
"That's right, James. But we have a wide **range** of international customers and over the years have resolved all logistic problems. We can happily guarantee a delivery timetable. Could you tell me what you're looking for? Where are you guys located?"
Das stimmt, James. Aber wir haben eine große Bandbreite internationaler Kunden und haben über die Jahre alle Logistikprobleme gelöst. Wir sind in der glücklichen Lage, einen Lieferzeitplan garantieren zu können. Können Sie mir sagen, was Sie suchen? Wo ist Ihr Firmensitz?
"We're outside Glasgow, Scotland", antwortet Nancy lächelnd.
Wir sind außerhalb von Glasgow, Schottland.
"Glasgow. OK, that would be no problem at all. And tell me, what size would the order be?"
Glasgow. Okay, das wäre überhaupt kein Problem. Und sagen Sie mir, welchen Umfang der Auftrag hätte?
"Well, we'd start at about a thousand pieces."
Nun gut, wir würden mit ca. tausend Stück anfangen.
"So it would be a **repeat order**, James?"
Es würde also Folgeaufträge geben, James?
"That's right, yes. We'd expect a discount on your quoted price, of course..."
Ja, genau. Wir würden selbstverständlich einen Nachlass auf Ihren Listenpreis erwarten...

"Let me show you how this would work and the times involved, James... Nancy. We have a **turnaround** from order to delivery of about two weeks, for the UK: that means from us receiving order confirmation to delivery at your door."
Lassen Sie mich erklären, wie das funktionieren könnte und wie die Fristen wären, James... Nancy. Wir haben für das Vereinigte Königreich eine Bearbeitungszeit von ca. zwei Wochen vom Auftrag bis zur Lieferung: Das heißt vom Zeitpunkt des Auftrageingangs bei uns bis zur Lieferung.

"That's amazingly fast!", ruft Nancy aus. "Are you sure you can **meet** that kind of schedule?"
Das ist unglaublich schnell! Sind Sie sicher, dass Sie diesen Zeitplan einhalten können?
"The only **proviso** we need to make is the type of components. Do you need design changes? That will take more time. We must maintain our quality levels: we have the lowest failure statistics in the industry... and a reputation to protect. You understand..."
Die einzige Einschränkung, die wir machen müssen, ist die Art der Komponenten. Benötigen Sie Konstruktionsänderungen? Das dauert dann länger. Wir müssen unsere Qualitätsstandards einhalten: Wir haben die niedrigste Fehlerquote der Branche... und einen Ruf, den wir schützen müssen. Sie verstehen...

"We can appreciate that, really! I'm impressed with your honesty", sagt Nancy. "We wouldn't need any changes to the standard line, so... can we look at this in more detail?"
Das schätzen wir wirklich sehr! Ich bin beeindruckt von Ihrer Ehrlichkeit. Wir würden keine Änderung hinsichtlich Ihres Standardprogramms benötigen, können wir also... ins Detail gehen?

"Sure, no problem", antwortet Mark mit einem strahlenden Lächeln.
Sicher, kein Problem.

Das war das erste in einer langen Reihe von Gesprächen; Mark ist müde, aber zufrieden, weil es wirklich gut läuft. Er hat bereits fünf unterschriftsreife Verträge.

Es wäre doch schön, wenn er selbst die Verträge unterschreiben dürfte...

MESSEN

Trade fairs

Messen *(trade fairs)* sind für Firmen die Gelegenheit, neue Kunden zu akquirieren, herauszufinden, was die Konkurrenz macht und neue Kontakte zu knüpfen. Trotz all dieser positiven Aspekte scheinen viele einer Messeteilnahme mit Schrecken entgegenzusehen: Ganz offensichtlich ist Kommunikation das A und O bei einer Messe und - stell dir vor - Englisch ist die meist gesprochene Sprache auf solch einer Veranstaltung! Das Geheimnis? Bediene dich einer einfachen Sprache und lass die Kunden deine Begeisterung für die Produkte deines Unternehmens spüren. Wenn du an deine Produkte glaubst, dann werden es auch deine Kunden tun! Ich werde dir nun Sätze zeigen, die dir bei einer Messe hilfreich sein können:

1. **WELCOMING CLIENTS** - Empfange potentielle Kunden in einer entspannten Atmosphäre.

2. **ENGAGING WITH A PROSPECT** - Die Aufmerksamkeit der Kunden gewinnst du, indem du Interesse für ihre Bedürfnisse zeigst.

3. **WEIGHING UP A PROSPECT** - Finde heraus, ob es sich um ein ernsthaftes Projekt handelt, und ziehe dich elegant aus der Affäre, wenn das nicht der Fall ist.

4. **MAKING A PITCH** - Mache dein Produkt schmackhaft, hebe seine besten Eigenschaften hervor und versuche, neue Kunden zu gewinnen.

5. **SITTING DOWN** - Vereinbare ein Treffen, bei dem du eine Expertenmeinung anbieten kannst.

6. **CLOSING A DEAL** - Bringe das Geschäft zum Abschluss.

LESSON

KUNDEN EMPFANGEN

Welcoming clients

Vor allen Dingen ist es wichtig, dass die Kunden, die du an deinem Stand empfängst, den Eindruck haben, dass sie willkommen sind und sich wohlfühlen. Stelle dich zuerst freundlich vor und zeige deine Bereitschaft, eventuelle Fragen zu beantworten.

Hello! Please... have a good look around. Take your time.
Hallo! Bitte... schauen Sie sich ruhig um. Nehmen Sie sich Zeit.
I'm Andrew. If you have any questions, please don't hesitate to ask.
Ich bin Andrew. Wenn Sie Fragen haben, zögern Sie nicht, mir diese zu stellen.
Welcome to the Rispa International stand. Make yourself at home!
Willkommen am Stand von Rispa International. Fühlen Sie sich wie zuhause!

Du kannst auch *Small-Talk*-Techniken anwenden (die findest du in Kapitel 12) und so das Gespräch mit dem Kunden einleiten. Vergiss aber nicht, dass Messebesucher in der Regel wenig Zeit haben, weil es viel zu sehen gibt. Verschwende also nicht ihre Zeit. Achte auf alle Einzelheiten, damit du herausfindest, ob es sich um ein realistisches Projekt handelt oder nicht. Deine Kunden könnten Interesse an einem speziellen Produkt oder an einem speziellen Bereich zeigen:

Hi, I'm interested in...
Hallo, ich interessiere mich für...
Hello, I'm looking for...
Hallo, ich suche...
I'd like to know more about this...
Ich würde gerne mehr erfahren über dieses......

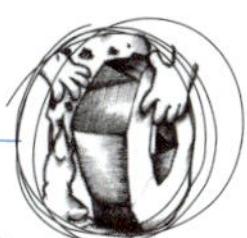

KONTAKT MIT DEM POTENTIELLEN KUNDEN AUFNEHMEN

Engaging with a prospect

Es ist wichtig, dass du Interesse gegenüber einem Standbesucher zeigst. Hör also zu, was er dir zu sagen hat und frage nach, wenn nötig – oder bitte ihn um nähere Details. Wenn jemand zu dir sagt:

We are looking for eco-friendly alternatives.
Wir sind auf der Suche nach umweltfreundlichen Alternativen.

Könntest du so antworten:

Recycling is important for us, too... this may interest you.
Recycling ist auch für uns wichtig... Das könnte sie interessieren.
I understand completely... we have developed this range...
Ich verstehe das vollkommen... Wir haben dieses Sortiment entwickelt...
What exactly are you looking for? We make...
Was genau suchen Sie? Wir produzieren...

Du kannst auch den Wünschen des Kunden zuvorkommen:

Many companies are cutting costs these days. Is that an issue for you, too?
Viele Unternehmen reduzieren heutzutage Kosten. Ist das auch für Sie ein Thema?
We offer special discounts for **bulk** buying. Would that interest you?
Wir bieten Sonderrabatte für Großaufträge an. Würde Sie das interessieren?
So tell me... do you **outsource** it? We specialise in...
Sagen Sie mir... betreiben Sie Outsourcing? Wir sind spezialisiert auf...

LESSON

EINEN POTENTIELLEN KUNDEN EINSCHÄTZEN

Weighing up a prospect

Hier geht es darum einzuschätzen, ob die ernsthafte Möglichkeit besteht, einen Auftrag abzuschließen. Hör also gut zu, wenn man dir Fragen stellt, und frage deinerseits das, was du wissen musst, um die Bedürfnisse des Kunden zu erfassen. Wenn du vage und ausweichende Antworten erhältst, vergisst du es vielleicht besser. Dann ist der Kunde wahrscheinlich nicht wirklich an deinen Produkten interessiert.
Diese Fragen könnte der Kunde stellen:

Could you tell me about your product range?
Könnten Sie mir etwas über Ihre Produktpalette sagen?

Do you have a brochure? Could I take one?
Haben Sie einen Prospekt? Könnte ich einen mitnehmen?

Is this series suitable for... ?
Eignet sich diese Serie für...?

Does your company have a stand here?
Hat Ihre Firma hier einen Stand?

So you need to find a supplier for... ?
Brauchen Sie also einen Lieferanten für... ?

What is the most important feature / factor for your evaluation of possible solutions?
Welches ist die wichtigste Eigenschaft / der wichtigste Faktor für Ihre Beurteilung möglicher Lösungen?

I think we have exactly what you are looking for. Would our Luna range fit your needs?
Ich glaube, wir haben genau das, wonach Sie suchen. Würde unsere Luna-Serie Ihren Bedürfnissen entsprechen?

Die nachstehenden Antworten sagen dir ganz klar, dass es sich nicht um einen echten Interessenten handelt... das heißt, es besteht nicht die Spur einer Chance.

I'm just checking out our competitors, today.
Ich schaue mir heute nur mal unsere Konkurrenz an.

I'm just having a look around.
Ich schaue mich nur um.

So kannst du dich höflich verabschieden:

It's been great talking to you. Bye.
Es war schön/toll, mit Ihnen zu sprechen. Auf Wiedersehen.

Well, hope to see you again. Bye.
Gut, ich hoffe, wir sehen uns wieder. Tschüss.

All the best for the **rest** of your time here! Bye!
Weiterhin alles Gute! Tschüss!

Einen Austausch von Visitenkarten kannst du immer vorschlagen:

Here's my card. Could I have yours, please?
Hier ist meine Visitenkarte. Könnte ich bitte Ihre haben?

LESSON

EINEN VORSCHLAG MACHEN

Making a pitch

Stell dir vor, alles läuft glatt und es sieht so aus, als ob der Kunde ernsthaft an deinen Produkten interessiert sei.
Dein Moment ist gekommen! Früher hättest du jetzt vielleicht den Firmenslogan zitiert:

We're market leaders because we believe in quality.
Wir sind Marktführer, weil wir an Qualität glauben.

Our product is the best because we listen to our customers.
Unser Produkt ist das beste, weil wir auf unsere Kunden hören.

Our products combine modern Italian design with German technology: that's a recipe no one else can beat.
Unsere Produkte verbinden modernes italienisches Design mit deutscher Technik: Das ist ein unschlagbares Rezept.

Die goldenen Zeiten großer Vertragsabschlüsse scheinen jedoch vorbei zu sein; heute liegt das Augenmerk vor allem darauf, treue Kunden zu gewinnen, die einen langfristigen Absatz garantieren. Erkläre einfach die Eigenschaften der Produkte oder der Dienstleistungen deiner Firma und suche die beste Lösung für den Kunden.

Now I understand your needs, let me show you a couple of solutions.
Jetzt verstehe ich, was Sie brauchen; lassen Sie mich Ihnen ein paar Lösungen aufzeigen.

So you are in the lighting industry. We supply LEDs to all the major producers in Germany.
Sie sind also in der Beleuchtungsindustrie tätig. Wir liefern LEDs an alle wichtigen Hersteller in Deutschland.

We can't guarantee your success but we do guarantee our components quality.
Wir können nicht für Ihren Erfolg garantieren, aber wir garantieren für die Qualität unserer Komponenten.

We can offer a 10% discount at that volume.
Wir können bei diesem Auftragsvolumen einen Nachlass von 10 % anbieten.

Mit Ausdrücken wie diesen zeigst du, dass du deinen Gesprächspartner verstehst.

That makes sense.
Das ist sinnvoll.

I follow you.
Ich kann Ihnen folgen.

VERHANDELN

Sitting down

Jetzt ist der Moment gekommen, in dem du mit dem potentiellen Kunden verhandeln musst und die Situation unter Kontrolle bekommen solltest. Schließlich bist du daran interessiert, mehr über die Personen zu erfahren, mit denen du gerade ein Geschäft abschließt, und ob diese überhaupt entscheidungsbefugt sind.

Zuerst vereinbarst du einen Termin mit ihnen.

A: I think you should sit down with our logistics manager.
B: That would be great.
A: OK. Let's set up a meeting... how about tomorrow at 11.00?
B: Could we make it 10.30?
A: No problem at all. See you tomorrow at 10.30.

A: *Ich denke, Sie sollten das mit unserem Logistikleiter besprechen.*
B: *Das wäre großartig.*
A: *Okay. Vereinbaren wir einen Termin... Wie wäre es mit morgen 11.00 Uhr?*
B: *Ginge es auch um 10.30 Uhr?*
A: *Überhaupt kein Problem. Bis morgen um 10.30 Uhr.*

Jetzt musst du die Gelegenheit nutzen und konkrete Antworten von deinen potentiellen Kunden erhalten. Frage sie, welches Budget sie zur Verfügung haben, wann der Kauf stattfinden soll, und ob sie befugt sind, das Geschäft abzuschließen.

What kind of budget do you have for this project? / What's your budget?
Welches Budget haben Sie für dieses Projekt?

What's your timeline / deadline for this?
Wie ist Ihr Zeitrahmen / der (Abgabe-)Termin hierfür?

When would you need delivery?
Wann würden Sie die Lieferung brauchen?

Can you make a decision today?
Können Sie heute eine Entscheidung treffen?

Do we need to bring in someone to finalise the question of price?
Müssen wir jemanden hinzuziehen, um die Preisfrage zum Abschluss zu bringen?

Can we make a deal today?
Können wir das Geschäft heute zum Abschluss bringen?

EIN GESCHÄFT ABSCHLIESSEN

Closing a deal

Geschafft! Jetzt kannst du das Geschäft per Handschlag zum Abschluss bringen.

Alle nachstehenden Sätze sind Ausdrücke dafür, 'Abgemacht!' zu sagen:

Verkäufer: Can we **shake** on this?
Let's call it a deal!
We have a deal then. Let's shake on it.
OK. Let's go for it!

Kunde: You've got a deal!
We have a deal.

Und zum Schluss verabschiedest du dich:

I really appreciate your time today. We'll be in touch tomorrow.
Ich weiß es sehr zu schätzen, dass Sie sich heute Zeit genommen haben. Wir hören morgen voneinander.

It's been great talking to you. See you very soon.
Es war schön, mit Ihnen zu sprechen. Wir sehen uns bald wieder.

Im TOOLKIT am Ende des Buches findest du einen Abschnitt, der sich den Fachbegriffen rund ums Thema Messe widmet.

INTERNATIONALE LIEFERBEDINGUNGEN FÜR DEN AUSSENHANDEL

International Commercial Terms

Beim Abschluss eines Geschäfts müssen auch die Lieferbedingungen abgesprochen werden; hier findest du eine kurze Erklärung einiger englischer Begriffe:

LETTER OF CREDIT – Dieser Brief kommt von einer Bank und garantiert, dass der Verkäufer die Zahlung im Rahmen der vereinbarten Bedingungen (Betrag und Zahlungstermin) erhält. Kann der Käufer seinen Zahlungsverpflichtungen nicht nachkommen, übernimmt die Bank die Begleichung des offenstehenden Betrags.

BILL OF LADING – Das ist das Konnossement, also der Frachtbrief – ein offizielles Dokument, das der Frachtführer für den Verkäufer ausstellt. Auf diesem Dokument sind Einzelheiten zur Ware vermerkt (manchmal die Abmessungen und das Gewicht der Verpackung), deren Menge und der Bestimmungsort.
Der *Bill of Lading* dient auch als Quittung: Er muss durch einen vom Absender bevollmächtigten Vertreter, den Frachtführer selbst und den Empfänger der Ware unterschrieben werden.

Ein *Bill of Lading* kann verschiedene Bedingungen enthalten. Zum Beispiel:

CIF (Cost, Insurance & Freight), CFR (Cost & Freight) – Der Absender übernimmt die Transportkosten bis zum Bestimmungshafen oder zum Bestimmungsort. Bei CIF ist auch die Versicherung (zu Lasten des Absenders) bis zum Lieferort enthalten. CFR bedeutet, dass die Versicherungskosten zu Lasten des Käufers gehen, sobald die Ware in den Container verladen ist.

FOB (Free On Board) – Hier liegt die Verantwortung beim Verkäufer, bis die Ware an Bord ist. Danach trägt der Käufer sämtliche Kosten, einschließlich der Versicherung.

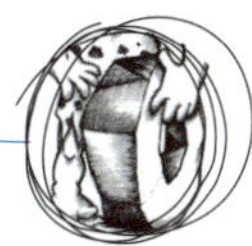

EX-WORKS – Der Käufer trägt die gesamten Transport- und Versicherungskosten für die Ware.

DDU (Delivered Duty Unpaid), DDP (Delivered Duty Paid) – Der Frachtführer trägt sämtliche Kosten. DDU bedeutet, dass der Käufer die Kosten für die Verzollung – also die Importkosten – übernimmt. DDP hingegen heißt, dass diese Zollgebühren zu Lasten des Verkäufers gehen.

VAT (Value Added Tax) – Entspricht der Mehrwertsteuer. Es handelt sich hierbei um eine Steuer, die auf den Produktpreis aufgeschlagen wird.

RANGE - Ganz allgemein heißt das Bandbreite; in diesem Fall ist die gebietsmäßige Verteilung des ausländischen Kundenkreises gemeint.
REPEAT ORDER - Auftrag, der wiederholt stattfindet, also eine Bestellung, die in bestimmten Intervallen regelmäßig erteilt wird.
TURNAROUND - Die Zeit, die für eine Lieferung oder zur Bearbeitung eines Vorgangs im beruflichen Umfeld benötigt wird. In unserer Geschichte ist das zum Beispiel der Zeitraum zwischen Auftragserteilung und Auslieferung der Ware. *Turnaround* heißt aber auch 'Umkehr, Richtungswechsel'.
MEET - Das heißt nicht nur 'treffen', sondern auch 'erfüllen, nachkommen'.
PROVISO - Bedingung, Klausel. Das passende Verb im Englischen ist *to make - you make a proviso*.
WEIGHING UP - Einschätzen, abwägen, die Absichten einer Person durchschauen; in unserem Fall bezieht sich der Ausdruck darauf, wie ernst zu nehmend der potentielle Kunde ist, der dir gegenübersitzt.
PITCH - Dieser Begriff stammt aus dem Sport, genauer gesagt aus dem Basketball und bedeutet wörtlich 'einen Ball werfen'. Im Geschäftsleben ist ein *pitch* eine kurze, aber wirksame Darstellung eines Produkts.
SITTING DOWN - So sagt man im Englischen, wenn Verkaufsverhandlungen geführt werden: Es handelt sich hierbei um ein Treffen (während einer Messe), bei dem *you sit down* - ganz wörtlich. Du sitzt also mit einem potentiellen Kunden zusammen, um Details zu besprechen.
DEAL - Eine Vereinbarung, ein Geschäft.
BULK - Eine große Menge kaufen - meist mit einem Preisnachlass.
OUTSOURCE - Wörtlich bedeutet das 'auslagern', also sich für Aufgaben, die bisher durch internes Personal erledigt wurden, eines externen Unternehmens zu bedienen.
Outsourcing war ursprünglich vor allem bei der Reinigung von Geschäftsräumen üblich; heute betrifft es Bereiche wie *call centre*, Buchhaltung, IT und auch die Produktion.
REST - Der Rest, was übrig bleibt. *To rest* hat allerdings eine andere Bedeutung - es bedeutet ausruhen. Pass also auf, dass du die Ruhe nicht verwechselst mit... dem Rest!
SHAKE - Wörtlich heißt das 'schütteln'; in diesem Falle ist damit ein *handshake* - also Händeschütteln - gemeint. Im übertragenen Sinn ist das der Augenblick, in dem eine mündliche Vereinbarung getroffen wird, die man mit einem Handschlag besiegelt.
IN TOUCH - in Kontakt

CHAPTER

16

Presentations

A presentation with a smile
The language of presentations
Ten useful tips

LESSON

CHAPTER SIXTEEN

Presentations

MIT EINEM LÄCHELN PRÄSENTIEREN

A presentation with a smile

Als ich noch (viel) jünger war, verdiente ich meinen Lebensunterhalt als Straßenmusiker. In England geht man als *busker* einer geschätzten Arbeit nach. Viele Musiker behaupten sogar, man sei kein wahrer *performer*, wenn man nie als Straßenmusiker unterwegs gewesen ist. In anderen Ländern hält man Straßenmusiker eher für arme Würstchen – aber auch die müssen lernen, mit den Menschen zu kommunizieren, denn sonst bleibt keiner der Vorübergehenden stehen... Gerade auf der Straße habe ich die Kunst der Kommunikation gelernt.

Seit dieser Zeit habe ich viele *presentations* gemacht... (um die Hundert alleine meiner Bücher wegen), und ich habe vielen Führungskräften beigebracht, wie man gut präsentiert. *This is what I tell them.*

DAS VOKABULAR FÜR PRÄSENTATIONEN

The language of presentations

Zu Anfang musst du die Person vorstellen, die die Präsentation durchführen wird:

It is my pleasure to introduce our International Marketing Manager from Germany, Mark Wolf.

Ich freue mich sehr, Ihnen unseren International Marketing Manager aus Deutschland, Mark Wolf, vorzustellen.

We are pleased to have Gordon Sumner with us today. He is going to talk to us on the subject of...
Wir freuen uns, Gordon Sumner heute bei uns zu haben. Er wird uns etwas erzählen über...

I'm sure most of you already know James Granger who recently joined us, here at Lunatic Productions...
Ich bin mir sicher, dass Sie James Granger bereits kennen, der seit kurzem für uns bei Lunatic Productions tätig ist...

Der Redner (auf Englisch *speaker*) begrüßt die Personen, die bei der Präsentation anwesend sind und stellt das Thema dann in groben Zügen vor. So versteht man das, was später gesagt wird, besser; in Wahrheit hilft diese kurze Zusammenfassung auch dem *speaker* selbst, den Überblick über die Themen, die er ansprechen wird, zu behalten.

Tun wir mal so, als ob du der *speaker* wärest. Zur Einleitung kannst du Sätze wie diese verwenden:

Hello, thank you for inviting me to speak here today. This morning I'm going to explain our new marketing initiative. I'd like to begin with an **overview**...
Hallo, danke, dass Sie mich eingeladen haben, heute hier zu sprechen. Heute Vormittag werde ich Ihnen unsere neue Marketinginitiative vorstellen. Ich würde gerne mit einer Übersicht beginnen...

Hello, for those of you who don't know me I'm Gordon. Today I'll be talking about the role of the police in modern society. My **talk** will **cover** three main areas: firstly... secondly... and finally...
Hallo, für alle unter Ihnen, die mich nicht kennen - ich bin Gordon. Heute werde ich über die Rolle der Polizei in der modernen Gesellschaft reden. Mein Vortrag deckt drei große Themenbereiche ab: erstens... zweitens... und schließlich...

Good afternoon everyone! As you have just heard, I'm James from Lunatic Productions. Today I'd like to talk to you about financing films. First I'll talk

about finding investors; next I'll cover the question of copyright. After that I'll **outline** the costs of filming; finally, I'll **sum up** the situation in this Country and the future of film making.
Guten Tag allerseits! Wie Sie gerade gehört haben, bin ich James von Lunatic Productions. Heute würde ich gerne über Filmfinanzierung zu Ihnen sprechen. Zuerst werde ich darüber reden, wie man Investoren findet; als nächstes werde ich die Frage des Copyrights behandeln. Danach werde ich in groben Zügen die Produktionskosten beschreiben; zum Schluss werde ich die Situation in diesem Land und die Zukunft der Filmproduktion zusammenfassen.

Denk daran, deine Zuhörer zu ermuntern, Fragen zu stellen und lasse sie wissen, wann sie dich unterbrechen können.

Please, feel free to ask questions **as I go along**.
Bitte seien Sie so frei und stellen Sie Fragen, während ich weitermache.

Please, ask your questions at the end of the presentation when there will be a question and answer session.
Bitte stellen Sie Ihre Fragen am Ende der Präsentation, dann werden wir eine Frage- / Antwortrunde abhalten.

Has anyone got any questions at this point?
Hat an diesem Punkt jemand Fragen?

Du kannst dich auf eines deiner visuellen Hilfsmittel beziehen, um Sachverhalte zu erklären:

As you can see from the chart...
Wie Sie der Grafik entnehmen können...

Let's look at the company's new slogan.
Schauen wir uns den neuen Firmenslogan an.

Please look at the sales figures. We can see that sales fell dramatically in July.
Bitte betrachten Sie die Verkaufszahlen. Wir können sehen, dass der Umsatz im Juli drastisch zurückgegangen ist.

Wenn du Meinungen einholen willst:

I will now answer any questions. Has anyone anything they wish to ask?
Ich werde jetzt (alle) Fragen beantworten. Möchte jemand etwas fragen?

I'd appreciate your **feedback**. Who would like to start?
Ich wäre Ihnen für Ihre Rückmeldung dankbar. Wer möchte gerne beginnen?

If anyone has any opinion they'd like to share with us, please don't hesitate...
Wenn uns jemand seine Ansichten mitteilen möchte, zögern Sie nicht...

Und dann der Abschluss:

Let me end by summing up what we have learnt / seen today.
Lassen Sie mich abschließend zusammenfassen, was wir heute gelernt / gesehen haben.

In conclusion, I'd like to...
Zum Abschluss möchte ich gerne...

Well, that's it! I hope you have all found this talk interesting / useful.
Gut, das war's! Ich hoffe, Sie alle fanden diese Rede interessant / hilfreich.

I'd like to thank everyone here for listening and for all the useful feedback. Well, that's it. Have a good afternoon!
Ich möchte Ihnen allen fürs Zuhören und für all die hilfreichen Rückmeldungen danken. Das war's. Einen schönen Nachmittag!

Stell dir jetzt vor, du bist einer der Zuhörer.
Wenn du den Vortrag unterbrechen möchtest, um eine Frage zu stellen, kannst du das so tun:

Sorry to interrupt, but...
Tut mir leid zu unterbrechen, aber...

If I may come in here, don't you think...
Wenn ich etwas einwerfen darf: Meinen Sie nicht, dass...

Excuse me, I'd like **to point out**...
Entschuldigen Sie, ich möchte gerne anmerken...

Wenn du etwas nicht verstanden hast:

I'm sorry, I didn't hear what you said.
Tut mir leid, ich habe nicht gehört, was Sie gesagt haben.

Would you mind repeating that point again?
Könnten Sie diesen Punkt nochmals wiederholen?

Can / Could you please speak more slowly / loudly, please?
Können / Könnten Sie bitte langsamer / lauter sprechen?

ZEHN NÜTZLICHE TIPPS

Ten useful tips

Die folgenden zehn Tipps sollen zu einem guten Gelingen deiner *presentation* beitragen:

1. **SMILE** – Ein Lächeln ist die beste Methode, eine *presentation* einzuleiten und das Publikum zu begrüßen. Mit einem Lächeln strahlst du Selbstsicherheit, aber auch Herzlichkeit und Bereitwilligkeit aus; so fühlen sich alle wohl. Wenn du dann tatsächlich so selbstsicher bist, kannst du es wagen, mit einem Witz oder einer geistreichen Bemerkung zu starten.
Ich persönlich bin der Meinung, dass man mit Ehrlichkeit immer am besten fährt – auch wenn ich als Kabarettist auf der Bühne stehe. Als es mir zum ersten Mal passierte, dass nach einem meiner Witze keiner lachte, sagte ich: "Oh Gott, es ist passiert! Mein schlimmster Albtraum, keiner hat gelacht... am

liebsten würde ich sterben, aber ich muss weitermachen..., auch wenn ich die nächste öffentliche Demütigung riskiere. Die Situation hier erinnert mich an die der Band auf der Titanic, die weiterspielte, als das Schiff bereits am Sinken war... ich verstehe euch, Leute". Daraufhin haben alle gelacht! Wenn du die Nacht zuvor nicht schlafen konntest, weil du so aufgeregt warst... dann sag es!

Hi everyone, if I don't look very enthusiastic about this presentation it isn't because it isn't interesting; I'm just very scared!
Hallo zusammen. Wenn ich bei meiner Präsentation nicht sehr begeistert aussehe, dann liegt es nicht daran, dass sie nicht interessant ist; ich habe einfach nur große Angst!

Hi everyone, I hope you all slept well last night because, knowing I had to do this presentation, I didn't!!! (smile)
Hallo zusammen. Ich hoffe, Sie haben letzte Nacht alle gut geschlafen, denn ich habe es nicht - weil ich wusste, dass ich diese Präsentation halten muss!!! (Lächeln)

Wenn du den Mut hast, deine Aufregung ehrlich einzugestehen, werden sie dich lieben. Schon allein deswegen, weil jeder schon einmal dieses Trauma durchgemacht hat. Mit Sicherheit!
Am besten kommen Anekdoten aus dem wahren Leben mit einer Prise Ironie an. Ein Beispiel des Marketingleiters von Smartphone Limited:

American comedian Sid Caesar once said "The guy who invented the first wheel was an idiot. The guy who invented the other three wheels - he was a genius". That joke explains the genius of this company and what we are doing. People have designed a million versions of the smartphone, but ours is the first that...

Der amerikanische Komiker Sid Caesar sagte einmal: "Der Typ, der das erste Rad erfand, war ein Idiot. Der Typ, der die anderen drei Räder erfunden hat - war ein Genie". Dieser Witz erklärt das Genie dieser Firma und dessen, was wir tun. Es sind Millionen von Smartphones entworfen worden, aber unseres ist das erste, das...

Wir Engländer setzen gerne unseren Humor ein, um eventuelle Spannungen zu lösen und das Interesse der Teilnehmer zu wecken. Es mag Länder geben, in denen Humor als Zeichen geringer Professionalität gedeutet werden kann, aber wir Engländer nutzen ihn gerne.
Auf diese Weise kannst du die Zuhörer unterhalten und somit ihre Aufmerksamkeit gewinnen; das gilt für jede Art von presentation - unabhängig davon, wie ernst das Thema ist.

2. **DON'T USE VISUAL AIDS EXCESSIVELY** - Setze *slides*, Ausdrucke und grafische Hilfsmittel ein, um deine Ideen zu veranschaulichen. Sprich in kurzen Sätzen und verwende eine klare und einfache Sprache. Und lies niemals die Texte der slides vor - nie! Die Zuhörer werden sich sonst schnell gelangweilt abwenden; schließlich sind wir ja alle selbst in der Lage zu lesen, und deine Anwesenheit wäre dann überflüssig. Es ist besser, wenn du deine Ideen direkt erläuterst.

3. **LOOK AT THE AUDIENCE** - Engländer vermeiden häufig den Blickkontakt; wenn du England mit dem Zug bereist, wirst du merken, dass das tatsächlich der Fall ist - keiner schaut dir in die Augen. Aber nicht im Geschäftsleben! Wenn du den Blickkontakt meidest, vermittelst du damit den Eindruck, dass du etwas zu verbergen hast, lügst oder dich nicht wohlfühlst. Schau die Menschen an, die vor dir sitzen und trete in Beziehung zu deinen Zuhörern. Aber mit allen! Wenn du immer nur eine Person fixierst, riskierst du, die Aufmerksamkeit eines Großteils der anderen Zuhörer zu verlieren.

4. **INTERACT WITH THE AUDIENCE** - *Talk WITH them, not TO them*. Stelle Fragen und ermögliche es, dass auch dir Fragen gestellt werden. Engländer, Japaner und Inder unterbrechen niemals jemanden, der redet - also musst du ihnen die Gelegenheit geben zu reden. Lege nach jedem Punk deines Vortrags eine kleine Pause ein und schau dich um; so kannst du den Zuhörern ins Gesicht blicken und siehst, ob sie dir folgen können, oder ob sie verwirrt sind. Diese Pausen geben ihnen die Möglichkeit, Fragen zu stellen, ohne dich zu unterbrechen.

5. **TELL THE TRUTH** - Versuche nicht, die Meinung deiner Zuhörer vorwegzunehmen. Äußere deine Meinung ganz ehrlich. Du wirst dir so Achtung und Respekt verschaffen, und man wird dir vertrauen.

6. **DON'T STAND TO ATTENTION** - Du bist nicht beim Militär! Bewege dich, während du redest, unterstreiche das Gesagte mit Gesten. Ein bewegter *speaker* vermittelt Leidenschaft und steigert die Aufmerksamkeit des Publikums. Übertreibe aber nicht!

7. **LISTEN TO YOUR AUDIENCE** - Lass dich durch die Reaktionen der Zuhörer nicht ablenken oder - schlimmer noch - entmutigen. Wenn jemand den Kopf schüttelt, während du etwas sagst... vergiss es! Vielleicht fliegt ihm gerade eine Mücke um den Kopf und stört ihn. Wenn du einmal darüber nachdenkst, ist es eher unwahrscheinlich, dass alle mit dem, was du sagst, einverstanden sind; bringe deinen Vortrag mit den Punkten zu Ende, die du dir vorgenommen hattest.

8. **ADAPT THE WAY YOU SPEAK TO YOUR AUDIENCE** - Sei dir über deine Redegeschwindigkeit und die Komplexität deiner Sprache bewusst. Es mag sein, dass du im Vereinigten Königreich oder in England bist, deine Zuhörerschaft aber aus anderen Ländern kommt. Sprich langsam und so deutlich wie möglich. Du meinst, ich wiederhole mich? Stimmt, aber viele wollen dieses Argument einfach nicht verstehen...

9. **INCLUDE AN OUTLINE** - Gib zu Anfang deiner *presentation* einen kurzen Überblick über das, was du sagen wirst; kurz aber klar. Im Vereinigten Königreich wird man dich dafür lieben, weil Klarheit und Ordnung dort hoch geschätzte Eigenschaften sind! Außerdem kann so jeder ganz einfach der Logik und dem Fortgang der Rede folgen. Die Leute wissen auch, wann die Präsentation dem Ende zugeht... du vermeidest also die peinliche Szene, dass die Zuhörer alle fünf Sekunden auf die Uhr schauen!

10. **SHOW THAT YOU ARE UNIQUE** - Finde einen Weg, um deine Einzigartigkeit zu beweisen! Warum? So wird man sich an dich und deinen Vortrag erinnern. Aber Vorsicht... sieh zu, dass du nicht als der Typ, der ausgerutscht und auf die Schnauze gefallen ist, in Erinnerung bleibst!

Ein konkretes Beispiel einer Präsentation findest du in unserer Geschichte.

Sein Herz scheint verrückt geworden zu sein. Es schlägt wie wild. Es ist Marks erste Präsentation nach dem Flop bei der Telefonkonferenz. Da sitzen sie alle... Pierre Debonge, Pedro Navarro Olmos und Mr. Collins!

"Hello everyone! As most of you know, I'm Mark Wolf and I'm happy to welcome you here today. You all have a copy of the meeting agenda, right? Today I'd like to get your views on the new marketing campaign, but first I'll **run through** the three principle changes we're bringing in."
Hallo zusammen! Wie die meisten von Ihnen wissen, bin ich Mark Wolf, und ich freue mich, Sie heute hier begrüßen zu dürfen. Sie alle haben ein Exemplar der Tagesordnung, oder? Heute würde ich gerne Ihre Meinung zur neuen Marketingkampagne hören, aber zuerst gehe ich nochmals kurz die drei wichtigsten Veränderungen durch, die wir eingeführt haben.

Mark legt eine kleine Pause ein, lächelt und blickt jeden der Teilnehmer an.
"Please don't hesitate to ask questions or **put forward** your views as I go along. OK, so we'll be looking at the new marketing strategy."
Bitte zögern Sie nicht, Fragen zu stellen oder Ihre Ansichten vorzubringen, während ich fortfahre. Okay, schauen wir uns die neue Marketingstrategie an.
Mark macht nochmals eine Pause und atmet tief durch.
"Last week I was at the Birmingham trade fair and I noted that many of our customers were..."
Letzte Woche war ich auf der Messe in Birmingham und habe bemerkt, dass viele unserer Kunden...
Mr. Collins schaut wütend auf. Mark führt seinen Satz nicht zu Ende und nimmt erleichtert wahr, dass sein Chef jetzt entspannter wirkt.
"Are there any questions at this point?"
Gibt es bis hierher irgendwelche Fragen?

"I'd like to ask how we can increase feedback from our customers." , fragt Pierre Debonge in einem leicht feindseligen Ton..
Ich möchte fragen, wie wir unser Kunden-Feedback erhöhen können.
"I think I can answer that best by **moving on** to the second point, Pierre, if I may?"
Ich denke, das kann ich am besten beantworten, wenn ich zum zweiten Punkt übergehe, Pierre – darf ich?

Schweigen

"There are three really innovative and important steps we can take... 'Patience is something you admire in the driver behind you but not in the one in front of you.' That is true, isn't it?"
Es gibt drei wirklich innovative und wichtige Schritte, die wir unternehmen können... 'Geduld ist etwas, das wir am Fahrer hinter uns bewundern, aber nicht bei dem, der vor uns ist'. Stimmt's?

Mark legt eine Pause ein, weil er sieht, dass alle lächeln und Jason (es sei ihm gedankt) in Lachen ausbricht.
"The Follow My Order service will put our customers in the seat of the driver in front. They will see exactly..."
Der Follow My Order-Service wird unsere Kunden in die Lage des vorderen Fahrers versetzen. Sie werden genau sehen...

Die Präsentation läuft gut bis zum Schluss, als Mark eine Frage Jasons beantwortet, während er mit dem Beamer eine Karte Osteuropas an die Wand wirft. Erstaunt nimmt er wahr, dass alle Münder offenstehen und sich die Augen der Zuhörer verwundert weiten. Was haben sie gesehen? Er dreht sich um. Auch er sieht es. Er traut seinen Augen nicht.

An der Wand... vom Computer projiziert... ist ein Bild von Mr. Collins zu sehen...

Na ja – es ist Mr. Collins' Gesicht, das auf dem Foto einer vollkommen nackten Frau klebt. Mark kann sich das Lachen kaum verkneifen. Blitzschnell klickt er mit der Maus auf das nächste Bild: noch schlimmer! Er schaltet den Computer auf der Stelle aus und versucht, etwas zu sagen.

"Well... I think that was everything. Any questions?"
Gut... ich glaube, das war alles. Noch Fragen?
Mr. Collins steht auf. "I have a few for you. Could you come to my office in about ten minutes, Mark?"
Ich habe einige an Sie. Könnten Sie in ungefähr zehn Minuten in mein Büro kommen, Mark?

Keiner schaut Mark an, während dieser den Tisch abräumt und den Raum verlässt. Jason folgt ihm und raunt ihm zu: "Who made the images? Bloody clever work!"
Wer hat diese Bilder gemacht? Verflucht genial!
"I can guess.", murmelt Mark.
Ich kann es mir denken.

Mark betritt das Büro von Mr. Collins und nimmt überrascht wahr, dass auch Susan ihn erwartet.
"Well, Mark, you finally showed your talent today... the presentation went very well... until the end. Don't worry; I saw you knew nothing about those images from your face. That is the least of your worries, young man."
Gut, Mark, Sie haben heute Ihr Talent endlich unter Beweis gestellt... Die Präsentation lief sehr gut... bis zum Ende. Keine Sorge; ich habe Ihnen angesehen, dass Sie nichts über diese Bilder wussten. Das ist Ihre geringste Sorge, junger Mann.

Mr. Collins fixiert eine Sekunde lang alle beide. Sein Ausdruck verhärtet sich.

"You're both fired!", schreit er. "Who **the hell** told you to take Susan's place at the trade fair in Birmingham? Why the hell weren't you there Susan? We might have lost several big clients because of your incompetence. The pair of you! The audacity! Didn't it occur to you to tell anyone what you were doing? I'm sorry but I can't have this. Leave today if you want... we'll pay three months' salary, no more!"
Sie sind alle beide gefeuert! Wer zum Teufel hat Ihnen gesagt, sie sollten Susans Platz auf der Messe in Birmingham einnehmen? Warum zum Teufel waren Sie nicht dort, Susan? Wir hätten durch Ihre Inkompetenz mehrere

wichtige Kunden verlieren können. Sie beide! Was für eine Unverfrorenheit! Ist es Ihnen nicht in den Sinn gekommen, irgendjemandem zu sagen, was Sie vorhatten? Es tut mir leid, aber das kann ich nicht akzeptieren. Gehen Sie gleich heute, wenn Sie wollen... Sie erhalten noch drei Monate lang Ihr Gehalt, nicht länger!

Mark schaut zu Susan, die wortlos dasteht. Er hat ein seltsames Gefühl. Er ist nicht komplett unglücklich. Er fühlt sich... frei. Vielleicht kann das ein Neuanfang sein. Er schaut wiederum zu Susan. Wie mag es ihr wohl gehen?

"Are you thinking what I'm thinking?", fragt er sie. Mark lächelt... er hat ein seltsames Lächeln im Gesicht.
Denkst du auch, was ich denke?

Susan öffnet ihren wunderschönen Mund ein wenig, dann... bricht sie in Tränen aus.

Exercise

Nachdem du jetzt ein Meister der Präsentationen bist, lies dir bitte diese Sätze durch und entscheide, ob sie richtig (**true**) oder falsch (**false**) sind.

1	The English use humour in presentations because they like a good laugh as much as beer.	TRUE	FALSE
2	Use visual aids when they help the audience understand your message.	TRUE	FALSE
3	Look at the audience only when they aren't looking at you.	TRUE	FALSE
4	If you don't pause during your presentation, the audience probably won't interrupt you.	TRUE	FALSE
5	Never tell the truth; lies are the best way to convince your audience.	TRUE	FALSE
6	Animate your ideas with gestures and your intonation.	TRUE	FALSE
7	If you are shy, you may call a clown to introduce the presentation.	TRUE	FALSE
8	Be aware of the language abilities of your audience and speak at an appropriate speed.	TRUE	FALSE
9	If you don't like your audience, you can choose not to answer their questions.	TRUE	FALSE
10	Show the audience that you are unique and they will never forget you.	TRUE	FALSE

OVERVIEW – Überblick, Gesamtbild

TALK – Unterhaltung, Gespräch, Vortrag

COVER – ein Thema behandeln

OUTLINE – in groben Zügen umreißen

SUM UP – zusammenfassen

AS I GO ALONG – während ich fortfahre

FEEDBACK – Feedback, Rückmeldung

TO POINT OUT – hinweisen, aufmerksam machen

AIDS – Hilfsmittel (Plural von *aid*)

INTERACT – interagieren

STAND TO ATTENTION – Haltung annehmen

RUN THROUGH – *Phrasal verb* mit der Bedeutung 'wiederholen', 'nochmals durchgehen'

PUT FORWARD – Wörtlich heißt das 'nach vorne legen', also etwas vorbringen.

MOVING ON – Das *phrasal verb to move on* bedeutet 'weitermachen', 'fortfahren'

THE HELL – *Hell* heißt Hölle. Im Englischen wird dieser Ausdruck im Sinne von 'zum Teufel' gebraucht; zum Beispiel 'wer zum Teufel hat das gesagt... was zum Teufel hast du gemacht...', etc.

CHAPTER

17

Accommodation

Accommodation in the UK
What type
of accommodation?
Rent or buy?
Looking for
accommodation
Rental contracts
Cheap accommodation

CHAPTER SEVENTEEN

Accommodation

Andreas, Mark und Kristen sitzen an einem Tisch in der Hotelbar.
"Look. Here in the **classified ads** there are lots of flats for **rent**", sagt Kristen.
Schaut. Hier bei den Kleinanzeigen gibt es jede Menge Mietwohnungen.
"Yes, well...", Mark wirft einen Blick darauf und grinst, "Did you look at the rent they are asking? We can't even afford the **deposit** and they ask for a month's rent **up front** as well!".
Ja, gut... Hast du gesehen, wie viel Miete sie verlangen? Wir können uns nicht einmal die Kaution leisten, und sie verlangen auch noch eine Monatsmiete im Voraus.
"We looked on the internet last night, Kristen. Mark found a great site full of... what do you call them, Mark?", fragt Andreas.
Wir haben gestern Abend im Internet geschaut, Kristen. Mark hat eine tolle Seite gefunden voller... wie sagst du dazu, Mark?

SO HEISST ES RICHTIG

Für 'gestern Abend' sagt man im Englischen meistens 'last night'. Und da es sich um eine abgeschlossene Tätigkeit handelt – erkennbar am Signalwort 'last' – brauchst du in diesem Satz selbstverständlich das Simple Past.

"**Estate** agents."
Immobilienmakler.
Andreas und Mark wirken sehr deprimiert. Zuerst hat Mark seinen Job verloren, und dann bekam er eine SMS aus dem Büro, in der man ihm mitteilte, dass er die Wohnung innerhalb eines Monats räumen müsse. Eine Handynachricht! Mark ist wirklich wütend: Er hat acht Jahre für die Firma gearbeitet!

"You could share a flat!", schlägt Kristen vor.
Du könntest eine Wohnung mit jemandem teilen.
Andreas lacht verbittert.
"We went and saw a house last night", antwortet Mark "it was a nightmare. We walked in and there in the living room... was a punk guy with green hair asleep on the sofa. It was 5 in the afternoon! A girl showed us the kitchen... I couldn't believe it: a nightmare!"
Wir haben uns gestern Abend ein Haus angeschaut; es war ein Albtraum. Wir kamen ins Wohnzimmer, und dort... schlief ein Punk mit grünem Haar auf dem Sofa. Es war fünf Uhr nachmittags! Ein Mädchen zeigte uns die Küche... Ich konnte es nicht fassen: ein Albtraum!
Andreas lacht. "Fun people, right? Bottles all over the place. And it was soooooo dirty... even for me!!!"
Witzige Leute, oder? Überall Flaschen. Und es war sooooo schmutzig... das fiel sogar mir auf!!!

SO HEISST ES RICHTIG

Um dich der Zustimmung deines Gesprächspartners zu vergewissern, kannst du im Englischen den Satz mit einem 'right' beenden.

Alle drei schweigen.
"Don't talk about the hostels", sagt Mark "I'm not sharing a room at my age."
Sprich jetzt nicht von einem Wohnheim. In meinem Alter teile ich kein Zimmer.

Alle drei schweigen erneut.

"What about a disco ball?", schlägt Andreas plötzlich vor.
Was haltet ihr von einer Diskokugel?

"Do you want to live in a disco ball?!", fragt Mark.
Möchtest du in einer Diskokugel wohnen?!

"No... I'm talking about the hotel! We can hang it from the ceiling over there. People could dance... and hey! We could have music!"
Nein... ich rede vom Hotel! Wir können sie dort an die Decke hängen. Die Leute könnten tanzen... und hey! Wir könnten Musik machen.

"**Live** bands?!", lacht Kristen.
"Yes. Good idea, eh, Mark? A good story for the newspapers. We'll get our story in the newspapers like Susan suggested; don't you remember, Mark?!
Gute Idee, was, Mark? Eine gute Geschichte für die Zeitungen. Wir bringen unsere Geschichte in die Zeitung, wie Susan vorgeschlagen hat, erinnerst du dich, Mark?

Mark antwortet nicht. Sie verfallen erneut in Schweigen.

Jimmy kommt herein und sieht sie da sitzen.
"I thought you lot were going to **brighten up** the place, not turn it into a funeral parlour!"
Ich dachte, ihr wolltet hier etwas Glanz hereinbringen, und kein Bestattungsunternehmen daraus machen !
Drei Köpfe wenden sich ihm zu; drei traurige Gesichter blicken ihn an.
"OK. So what is the big problem now?", möchte er wissen.
Okay. Was ist jetzt das Problem?
Kristen erklärt die Lage. Jimmy nickt und verlässt die Bar. Einen Augenblick später kehrt er zurück und wirft Andreas einen Schlüssel zu und Mark einen weiteren.
"Problem solved, you're staying here! Now get your heads to work on the real problem and transform this place into a **goldmine**. OK?!"
Problem gelöst, ihr bleibt hier! Konzentriert euch jetzt auf das wahre Problem und macht aus diesem Haus eine Goldgrube. Okay?!

UNTERKÜNFTE IM VEREINIGTEN KÖNIGREICH

Accommodation in the UK

Selbstverständlich hoffe ich, dass dir mein Buch dabei hilft, zu neuen Horizonten aufzubrechen. Dieses Kapitel wird dich auf ganz praktische Weise dabei unterstützen.

In den ersten Tagen oder Wochen deines Aufenthalts im Vereinigten Königreich ist es vielleicht nötig, eine vorübergehende Bleibe zu finden, während du auf der Suche nach einer dauerhaften Lösung bist. Welche Möglichkeiten gibt es? Es gibt Hotels, *guest houses* (ähnlich wie die Pensionen in Deutschland) und *Bed and Breakfasts* (B&Bs).

Bei vielen dieser Optionen bekommst du für einen längeren Aufenthalt Sonderpreise. Du solltest deine Situation genau erklären... und um einen Preisnachlass bitten!
Du kannst aber auch eine Unterkunft in einem Hotel oder einem Wohnheim über spezielle Internetseiten suchen.

LESSON

Eine der besten Seiten heißt hotelsclick.com

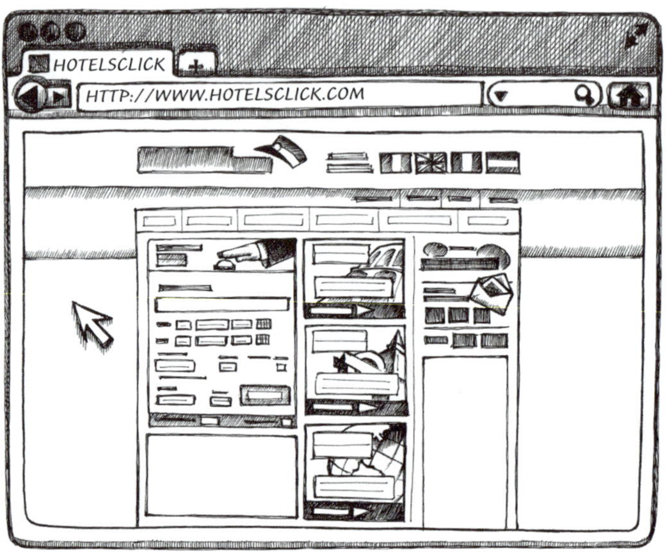

Und so buchst du online:
Als erstes tippst du den Namen der Stadt ein, in der du eine Unterkunft suchst. Du kannst auch in der Zeile 'Hotel' direkt einen Hotelnamen eingeben, wenn du bereits eines kennst. Dann ist es wichtig, das voraussichtliche Ankunfts- und Abreisedatum anzugeben.
Du wählst unter den vielen Möglichkeiten die Zimmerkategorie aus und gibst an, ob du bei der Anzahl der Sterne des Hotels Präferenzen hast. Wenn du dann auf die *Search*-Taste klickst, erhältst du eine Trefferliste, aus der du wählen kannst. Für jedes Hotel erscheint eine kurze Zusammenfassung, die den Namen, die Anzahl der Sterne und die Anschrift enthält – sowie ein Foto, einen Lageplan, eine Kurzbeschreibung und den Preis. Weitere Einzelheiten sind für jeden der Treffer verfügbar; wenn du die für dich passende Unterkunft gefunden hast, klickst du auf *Book*, um zur Buchung zu gelangen.
Es öffnet sich eine neue Seite, in der du deine persönlichen Daten und deine E-Mail-Adresse eingibst und die Buchung abschließt. *It's very simple!*

WELCHE ART VON UNTERKUNFT?

What type of accommodation?

Im Vereinigten Königreich gibt es verschiedene Haustypen:
DETACHED HOUSE - freistehendes Einfamilienhaus
SEMI-DETACHED HOUSE - Doppelhaus
BUNGALOW - Haus auf einer Ebene
FLAT (or apartment) - Wohnung

Zu den Hauskategorien, die man mieten kann, gehören auch:
SHARED HOUSE - Wohngemeinschaft
BEDSITTER - Ein Haus, das in einzelne, klar definierte Räume unterteilt ist. Hier sind nur Küche und Bad gemeinsam.

MIETE ODER KAUF?

Rent or buy?

"An Englishman's home is his castle"
Für die Briten ist das Eigenheim wie ein Schloss, und die meisten Menschen tendieren zu einem Haus. Das hat zur Folge, dass der Markt für Mietimmobilien im Vergleich zum Rest Europas sehr eingeschränkt ist. Nur 10 % der Familien leben im Vereinigten Königreich zur Miete. Die Nachfrage nach Wohnungen bzw. Häusern zur Miete ist deshalb sehr groß.
Andererseits ist es nicht mehr so einfach, bei einer englischen Bank ein **mortgage** zu erhalten. In der Vergangenheit konnte man ein Darlehen über 100 % des Immobilienwerts aufnehmen; heute kommt es selten vor, dass eine Bank mehr als 60 % des Gesamtbetrags gewährt. Der Großteil der Darlehen hat eine Laufzeit zwischen 25 und 35 Jahren.

LESSON

AUF DER SUCH NACH EINER UNTERKUNFT

Looking for accommodation

Eine Unterkunft findest du im Vereinigten Königreich hauptsächlich über:

1. **ESTATE AGENTS**

Der einfachste Weg, eine Bleibe zu finden, ist der Gang zum Immobilienmakler – unabhängig davon, ob du etwas zur Miete oder zum Kauf suchst. Tatsächlich findest du bei einer Immobilienagentur auch die besten Mietobjekte, da sich die **landlords** so nicht um die Verwaltung ihres Besitzes kümmern müssen. Ein Immobilienmakler befasst sich mit allen finanziellen und rechtlichen Aspekten der Angelegenheit. Er stellt allerdings dem Eigentümer eine Provision in Rechnung, der diese wiederum der Miete zuschlägt. Es ist also wahrscheinlich, dass der Preis einer Mietimmobilie über einen Makler über dem Durchschnitt liegt. Mieten in London sind extrem hoch, die Mietobjekte sind aber von bester Qualität.

Eine Liste der Immobilienmakler erhältst du bei:

The National Association of Estate Agents
Acton House
21 Jury Street
Warwick
CV34 4EH
Tel. +44 (0) 1926 496800
Email: info@naea.co.uk
Website: www.naea.co.uk

2. **INTERNET**

Jede Immobilienagentur verfügt über eine eigene Internetseite, aber es gibt auch Portale, über die du Angebote für Sonderwünsche findest. Eine der beliebtesten Seiten ist **www.rightmove.co.uk**; wenn du ewas Charakteristisches für das alte England suchst, versuche es bei **www.periodproperty.co.uk**. Wenn du dagegen gerne etwas Renovierungsbefürftiges möchtest, kannst du an einer Versteigerung bei **www.propertyauctions.com** teilnehmen.

Das Internet ermöglicht es dir auch, etwas sehr Wichtiges herauszufinden: Wie ist das Umfeld? Vielleicht ist es ganz gut, wenn du weißt, dass du gerade im Begriff bist, dir eine gefährliche Gegend voller Krimineller auf freiem Fuß auszusuchen, oder? Wenn du auf die Seite www.police.uk gehst, kannst du eine beliebige Adresse im Vereinigten Königreich eingeben, die in deren Datenbank verfügbar ist und die Kriminalstatistik für diese Gegend einsehen. Besser ist es natürlich, wenn du dich persönlich umschauen kannst; so siehst du auch, ob das Haus neben einer Diskothek, einem Kiosk oder einer Fabrik gelegen ist.

3. **NEWSPAPERS**

In den Zeitungen findest du sowohl Anzeigen für Mietobjekte, als auch für Immobilienverkäufe. Dabei ist es sicher sinnvoll, Lokalblätter wie den *Evening Standard* für London zu Rate zu ziehen, die eine entsprechende Wochenbeilage haben.

Über die Zeitungen findest du die besten Angebote. Wenn du eine Anzeige entdeckst, die dich interessiert, musst du dich allerdings beeilen - sonst riskierst du, dass das Objekt bereits vergeben ist. Ein Vermieter lernt seine potentiellen Mieter lieber persönlich kennen. Vereinbare also einen Termin und schau dir das Haus oder die Wohnung schnell an. Wenn du dann zu dem Schluss kommst, dass dich das Objekt interessiert, dann lies den Vertrag auf jeden Fall genau durch!

MIETVERTRÄGE

Rental contracts

Mietverträge schützen sowohl die landlords, als auch die **tenants / lodgers / renters**. Sieh zu, dass du die Vertragsklauseln auch wirklich verstanden hast! Im Vertrag sollten die Miete für 12 Monate und die Kaution (in der Regel in der Höhe einer Monatsmiete), die du für die Wohnung oder das Haus hinterlegen musst, festgelegt sein. Die Kaution dient dazu, die Kosten eventueller Schäden zu decken oder eine nicht geleistete Zahlung auszugleichen.
Im Vertrag wird auch festgelegt, wer die Nebenkosten wie Strom, Gas und Wasser zu zahlen hat. Der Eigentümer muss sich im Besitz einer *HMO license* befinden; diese ist obligatorisch. In ihr ist festgehalten, wie viele Personen in einem Haus untergebracht werden dürfen.

Verlange vom Hausherrn ein **inventory of the contents**, bevor du einziehst und notiere dir sämtliche, bereits bestehende Schäden.
Forfeiture nennt man das Recht des Eigentümers, to **evict** die Mieter, wenn sich diese nicht an die Regeln halten. All diese Regeln stehen im Vertrag, den du unterzeichnest.

PREISWERTE UNTERKÜNFTE

Cheap accommodation

Die preiswerteste Unterbringung findest du bei *bedsitters* und *hostels*, die oft unter der Leitung von Wohltätigkeitsorganisationen stehen.
Bedsitters sind eigene Zimmer in einem gemeinsamen Haus. Hier verfügt man über ein Zimmer und teilt Küche und Bad mit den Mitbewohnern. Sie sind bei Studenten sehr beliebt und in Universitätsstädten weit verbreitet.

Hostels findest du in den meisten Städten. Sie bieten Zimmer, die sich mehrere Bewohner teilen, mit gemeinsamer Küchennutzung oder einer Kantine. Einen Platz in einer (Jugend-)Herberge kannst du unter **www.hostelworld.com** finden und buchen.

Es ist wichtig, dass du die Abkürzungen in den Immobilienanzeigen verstehst. So verschwendest du keine Zeit damit, Häuser anzuschauen, die für dich nicht in Frage kommen.
Im TOOLKIT am Ende des Buches findest du eine Liste der wichtigsten Abkürzungen, die in Immobilienanzeigen verwendet werden.

GLOSSARY

CLASSIFIED ADS - Kleinanzeigen. Man nennt sie auch *classified adverts*.

RENT - Achtung, das ist ein ganz fieser *False Friend*! Es bedeutet *Miete*.

DEPOSIT - Kaution

UP FRONT - im Voraus

ESTATE - Immobilien- oder Grundbesitz

LIVE - Beachte bitte den Unterschied: Das Verb *to live* (das man 'liv' ausspricht) bedeutet 'leben'. Das Adjektiv *live* hingegen (das man 'laiv' ausspricht... ja, ja, ich weiß, wir Engländer sind ein bisschen merkwürdig), entspricht dem deutschen Fremdwort 'live'.

BRIGHTEN UP - verbessern, verschönern

GOLDMINE - Goldmine

MORTGAGE - Hypothek

ESTATE AGENTS - Immobilienmakler. Auf *American English* heißt er *Real estate broker* oder *Realtor.*

LANDLORD / LANDLADY - Hausbesitzer / -in

TENANTS / LODGERS / RENTERS - Mieter

INVENTORY OF THE CONTENTS - Inventar (ein Verzeichnis dessen, was sich im Haus befindet)

FORFEITURE - Verwirkung (eines Rechts)

EVICT - einem Mieter kündigen

CHAPTER

18

Negotiating

Negotiating
Five fundamental tips
Body language
Openings
Understanding
Making an offer
Taking time out
Refusing a deal
Discount
Setting conditions
Closing a deal

CHAPTER EIGHTEEN

Negotiating

Andreas betritt das Hotelrestaurant um zu frühstücken; er ist völlig euphorisch. Mark und Jimmy sitzen an einem Tisch in der Nähe der Rezeption.
"I've got a great idea! Listen!", sagt Andreas. "A Rock'n'Roll weekend! We'll decorate the bar and restaurant like... like the 1950's, you know! Like Happy Days!"
Ich habe eine großartige Idee! Hört zu! Ein Rock'n Roll-Wochenende! Wir dekorieren die Bar und das Restaurant im Stil... im Stil der 1950er, versteht ihr! Wie bei Happy Days!

Mark und Jimmy zeigen keine Reaktion. Andreas setzt sich zu ihnen.

"Listen... it is great!! We'll get an Elvis Presley statue! And we'll play music in the bar. If people pay more, they'll get a special 1950s room. I found this pillow... you put your head on it and Elvis sings Love me tender! Wow! And we'll include tickets for concerts. The Theme Hotel business, you know? This is big!"
Hört zu... das ist klasse!!! Wir holen uns eine Elvis Presley Statue! Und wir spielen Musik in der Bar. Wenn die Leute mehr bezahlen, bekommen sie ein spezielles 1950er Zimmer. Ich habe dieses Kissen entdeckt... man legt seinen Kopf darauf, und Elvis singt Love me tender! Wow! Und wir nehmen auch Konzertkarten mit ins Programm auf. Das ist die Themenhotel-Schiene, wisst ihr? Das ist große Klasse!

SO HEISST ES RICHTIG

Get-take... Diese beiden Verben solltest du nicht verwechseln. Mit 'get' nimmst du etwas, das noch nicht da ist, und bringst es her. Bei 'take' nimmst du etwas von hier und bringst es fort. *Easy!*

"You just want to **dress up**, Andreas.", Mark wendet sich Jimmy zu. "He's always loved Rock'n'Roll, the clothes, everything."

Du möchtest dich nur verkleiden, Andreas. Er hat schon immer Rock'n Roll geliebt, die Kleidung... einfach alles.

"But we aren't going to stop there. We're going to do the 1960s afterwards... Mods, you know? People will love that... This is also a great newspaper story, so lots of free advertising!"
Aber wir hören hier noch nicht auf. Danach nehmen wir uns die 1960er Jahre vor... Die Mods, wisst ihr? Die Leute werden es lieben... Das ist auch eine großartige Geschichte für die Zeitungen, jede Menge kostenlose Werbung!

SO HEISST ES RICHTIG

Eine Absicht kannst du im Englischen mit der Form *going to* + Verb ausdrücken.

"It's not a bad idea." , nickt Jimmy. "There's one problem... you know? Who's going to pay for all the **fancy** décor?"
Das ist keine schlechte Idee. Da gibt es nur ein Problem... weißt du? Wer soll diese ganze schicke Dekoration bezahlen?

"Ms Peters! She has already agreed to these ideas. Remember?"
Ms Peters! Sie war schon mit diesen Ideen einverstanden. Erinnerst du dich?

SO HEISST ES RICHTIG

Weißt du noch – *already* dient als Signalwort für das Present Perfect.

"But she doesn't have the money to pay us. Remember?"
Aber sie hat kein Geld, um uns zu bezahlen. Erinnerst du dich?
"Ah..."

"Let's find out what it will cost", schaltet sich Mark ein. "Begin with the concert tickets... who do we contact for that?"
Schauen wir mal, was das kosten wird. Fangen wir bei den Konzertkarten an... wen können wir diesbezüglich kontaktieren?

"That's easy", sagt Jimmy. "My cousin Joey Bland's an impresario; he promotes concerts all over London. He'll help us out... let's give him a ring."
Das ist einfach. Mein Cousin Joey Bland ist Impresario; er promotet Konzerte in ganz London. Er wird uns helfen... rufen wir ihn an.
Jimmy nimmt das Telefon von der Rezeption, gibt die Nummer ein und reicht es an Andreas weiter.
"There you go, kid. Tell him you work for me."
Dann mal los, Junge. Sag ihm, du arbeitest für mich.
"Hello, Joey! This is Andreas, a friend of your cousin Jimmy."
Hallo Joey! Hier spricht Andreas, ein Freund deines Cousins Jimmy.
"Yeah, we're going to do a special Rock'n'Roll weekend at the hotel... lots of guests will come", fährt Andreas fort "and we need discounted tickets for a rock concert. Jimmy told us you are a promoter. You'll give us a big discount, won't you?"
Ja, wir planen im Hotel ein spezielles Rock'n Roll Wochenende... Es werden viele Gäste kommen, und wir brauchen ermäßigte Tickets für ein Rockkonzert. Jimmy sagte uns, du bist Promoter. Du räumst uns einen guten Rabatt ein, oder?

Mark sieht, dass es Andreas Mühe bereitet, sich richtig auszudrücken, und nimmt ihm das Telefon ab. Er stellt sich Mr. Bland kurz vor und erklärt ihm das Projekt. Sie vereinbaren einen Preisnachlass abhängig von der Personenzahl, mit der Aussicht auf höhere Nachlässe, falls es zu einer regelmäßigen Wiederholung kommt.

Während Mark noch redet, betritt Ms Peters das Restaurant und hört zu. Es sieht so aus, als ob ihr das, was sie sieht, gefällt. Auch Andreas sieht etwas... eine Möglichkeit, sich des Problems 'Ms Peters' zu entledigen.

"Who is this?", fragt Ms Peters. "Someone introduce us, please."
Wer ist das? Stellt uns bitte jemand vor?
"He is my brother, Mark. He's a good guy... very clever at business, you know."
Er ist mein Bruder, Mark. Ein prima Kerl... sehr clever, wenn es ums Geschäft geht, wissen Sie?

"Well, so I heard just now. What do you do Mark?"
Ja, das habe ich gerade gehört. Was machen Sie, Mark?

"I was International marketing manager for a company here in London, but **right now** I'm..."
Ich war der internationale Marketingleiter bei einer Firma hier in London, aber jetzt gerade bin ich...

"He's taking a holiday!", mischt sich Andreas ein. "He's going to help us with our hotel project, perhaps he could work for us, too?"
Er macht gerade Urlaub! Er wird uns bei unserem Hotelprojekt helfen, vielleicht könnte er auch für uns arbeiten?

"Well, I don't know," sagt Ms Peters, "but I suppose we do need someone to **sort out** the business side. You're great at ideas, Andreas... but your brother has a head for business. We'll have to see. Come and talk to me later, Mark. That's Mark, right?"
Na, ich weiß nicht, aber ich nehme an, wir brauchen jemanden, der sich ums Geschäftliche kümmert. Du hast tolle Ideen, Andreas....aber dein Bruder hat einen Sinn fürs Geschäft. Wir müssen sehen. Komm später zu mir und lass uns darüber reden, Mark. Mark ist doch richtig, oder?

Die Art und Weise, wie sie ihn anlächelt, beunruhigt ihn ein wenig. Er schafft es dennoch, ihr Lächeln zu erwidern.
Jimmy schüttelt den Kopf. Er kann es nicht fassen... diese jungen Männer heutzutage!!!

LESSON

VERHANDLUNGEN FÜHREN

Negotiating

Ich habe die Erfahrung gemacht, dass man nur dann bekommt, was man möchte, wenn man danach fragt.
Verhandlungen sind ein wichtiger Bestandteil unseres Lebens – sei es im Beruf, in der Liebe oder beim Spiel. In diesem Kapitel wirst du die Geheimnisse des Verhandelns auf angelsächsische Art entdecken. Pass also gut auf!

FÜNF WICHTIGE TIPPS

Five fundamental tips

1. PREPARE BEFORE NEGOTIATING

Hier gibt es zwei wichtige Aspekte:
Du kennst dein Produkt am besten – einschließlich den *costs* (Kosten), *delivery schedules* (Lieferplänen) und deiner **bottom line** für den Preis.
Du kennst auch deinen Kunden und dessen Bedürfnisse. Du weißt also im Voraus, was er braucht.

2. STICK TO YOUR OFFER

Lasse zuerst deinen Kunden reden; er könnte einen höheren Preis bieten, als du erwartet hast. Wenn du ein Angebot abgegeben hast, verhandle nicht über den Preis, bevor du deine Position dargestellt hast. Verfolge aufmerksam die Argumentation deines Kunden und versuche herauszufinden, was genau für ihn wichtig ist. Du könntest ein übereilt abgeschlossenes Geschäft nachher bereuen.

3. RESPECT YOUR CLIENT

Akzeptiere den Standpunkt deines Kunden und wiederhole, was für ihn wichtig ist, bevor du einen davon abweichenden Standpunkt darlegst. Manchmal wirst du vielleicht mit aggressiven Taktiken konfrontiert. Reagiere grund-

sätzlich nicht auf Provokationen; bleibe immer ruhig und freundlich.

4. STALEMATE

Der tote Punkt ist der Punkt, an dem beide Parteien ihre Position zum Ausdruck gebracht haben, aber noch keine Einigung erzielt wurde und keiner bereit ist, nachzugeben. Wie konnte es dazu kommen? Sind die Emotionen zu sehr hochgekocht? Jetzt solltest du in Betracht ziehen, auf einen der Kundenwünsche einzugehen - unter gewissen Bedingungen. Biete einen Preisnachlass an unter der Voraussetzung, dass dir ein bestimmtes Auftragsvolumen garantiert wird, oder es Folgeaufträge geben wird. Das könnte man dann zum Beispiel schriftlich festlegen.

5. CLOSE THE DEAL OR WALK AWAY

Die goldene Regel bei einer Verhandlung lautet: Lass den Kunden gehen, wenn er deine **bottom line** nicht akzeptiert. Ein Geschäft, bei dem du Geld verlierst, ist kein Geschäft! Bestimme du, welches dein bestes Angebot ist, und überlasse dem Kunden die Entscheidung. Das ist einfach. Das ist ehrlich. Und du gewinnst so zweifellos das Vertrauen des Kunden.

KÖRPERSPRACHE

Body language

Ganz wichtig bei einer Verhandlung - egal welcher Art - ist die Körpersprache; wenn du sie deuten kannst, bist du im Vorteil.
Menschen drücken ihre Meinung vor allem über ihren Körper, ihre Mimik und ihre Gestik aus.

THE BASE LINE

Leite das Gespräch mit einer Runde entspannten *Small Talks* (siehe Kapitel 12) ein und studiere die Haltung deines Gesprächspartners sehr aufmerksam. Das ist deine base line: Wenn die Verhandlungen fortschreiten, achtest du auf Veränderungen in der *body language*. Plötzliche Veränderungen sind ein Anzeichen dafür, dass dein Gegenüber sich nicht wohl fühlt, oder dass er unentschlossen ist. Wenn dein Gesprächspartner schriftliche Unterlagen vorlegt, bitte darum, dass er sie dir erklärt, und achte darauf, ob seine *body language* Zeichen von Anspannung oder von Skepsis erkennen lässt.

THE SIGNS

Die wichtigsten Botschaften erhältst du durch den Blickkontakt (*eye contact*), über den Gesichtsausdruck (*facial expression*) und die Armhaltung (*the position of the arms*). Beugt sich der Kunde vornüber und lächelt? Dann ist er interessiert. Fasst er sich an den Hals oder an den Hemdkragen? Er ist wütend auf dich. Wenn er die Arme verschränkt, dir nicht in die Augen schaut und sich abwendet (vielleicht in Richtung Tür)..., dann hast du ein Problem! Er möchte gehen.

DON'T REVEAL YOUR HAND

Sei dir in der Anfangsphase auch deiner eigenen *body language* bewusst und achte darauf, dass du sie nicht zu schnell veränderst. Deine *body language* sollte von Anfang deiner Begegnung an mit deinem Ziel übereinstimmen: Nimm eine Haltung ein, die zeigt, dass du sicher, entschlossen oder gar angriffslustig bist.

ZU BEGINN

Openings

Mit diesen Sätzen kannst du die Verhandlungen einleiten:

We're considering your products for our new...
Could you give us a quote / estimate / price?
Wir ziehen Ihre Produkte für unser neues... in Betracht.
Könnten Sie uns ein Angebot / einen Kostenvoranschlag machen / einen Preis nennen?

Thank you for agreeing to meet today. I'd like to get this resolved as quickly as possible.
Danke, dass Sie mit einem heutigen Treffen einverstanden waren. Ich würde gerne so schnell wie möglich zu einer Lösung kommen.

Let's get the ball rolling. You have seen our samples, so tell me what sort of price are you looking for?
Kommen wir zur Sache. Sie haben unsere Muster gesehen; sagen Sie mir doch bitte, was für eine Preisvorstellung Sie haben?

Thank you for your brochure and price list, they were very interesting! However, we need to talk about delivery dates and those prices. What can you do for us?
Danke für Ihren Katalog und Ihre Preisliste, sie waren sehr interessant! Wir müssen aber über die Lieferdaten und über diese Preise reden. Was können Sie für uns tun?

LESSON

VERSTEHEN

Understanding

Es ist sehr wichtig, dass du verstehst, welche Absichten und Bedürfnisse der Kunde hat:

Why don't you tell me what you have in mind?
Was ist Ihre Vorstellung?

Could you give me a few details?
Könnten Sie mir ein paar Details nennen?

What conditions are you looking for? What price range were you thinking of?
Welche Konditionen suchen Sie? An welchen Preisrahmen haben Sie gedacht?

Can you give us the specifications you need in more detail?
Können Sie uns nähere Einzelheiten zu Ihrem Bedarf nennen?

EIN ANGEBOT UNTERBREITEN

Making an offer

Hier findest du beispielhafte Sätze, wie du dein Angebot vorbringen kannst:

Here is our quotation... as you can see, we have included a trial offer...
Hier ist unser Angebot... Wie Sie sehen, beinhaltet es auch ein Probeangebot...

We appreciate your interest and would like to make an offer for the contract.
Wir schätzen Ihr Interesse und würden Ihnen gerne ein Vertragsangebot machen.

I don't think you'll get a better offer than this...
Ich glaube nicht, dass Sie ein besseres Angebot als dieses bekommen...

This is our best price. You can see...
Das ist unser bester Preis. Wie Sie sehen...

SICH ZEIT NEHMEN

Taking time out

Wenn du für deine Antwort noch etwas Zeit brauchst, kannst du das so äußern:

I'd like time to think about this.
Ich hätte gerne etwas Bedenkzeit.

I need to take these figures back to my CEO for his approval.
Ich muss diese Zahlen meinem Geschäftsführer zur Genehmigung vorlegen.

Can I get back to you on this... say next week?
Können wir ... sagen wir nächste Woche erneut darüber reden?

EIN GESCHÄFT ABLEHNEN

Refuse a deal

So kannst du die vorgeschlagenen Konditionen ablehnen:

You put us in a difficult position. We can't accept that price / condition...
Sie versetzen uns in eine schwierige Lage. Wir können diesen Preis / diese Kondition nicht akzeptieren...

We have no alternative but to reject your offer.
Wir haben keine andere Möglichkeit, als Ihr Angebot abzulehnen.

We understand your position but we cannot do business with you.
Wir verstehen Ihre Position, aber wir können nicht mit Ihnen ins Geschäft kommen.

We will reluctantly take our business elsewhere.
Wir werden das Geschäft bedauerlicherweise anderswo abschließen.

PREISNACHLASS

Discount

Mit diesen beispielhaften Sätzen kannst du einen Preisnachlass anbieten bzw. um einen bitten:

We can offer a 5% discount on all catalogue prices.
Wir können einen Nachlass von 5 % auf alle Katalogpreise anbieten.

If this is a repeat order, we can offer you a 10% discount.
Wenn es Folgeaufträge gibt, können wir Ihnen einen Nachlass von 10 % gewähren.

Do you offer a higher discount for large quantity orders?
Bieten Sie einen höheren Nachlass bei größeren Bestellmengen?

As this is a bulk order, we would expect a discount of at least 15%!
Da es sich um einen Großauftrag handelt, erwarten wir einen Nachlass von mindestens 15 %!

DIE KONDITIONEN FESTLEGEN

Setting conditions

Mit diesen Sätzen kannst du die Konditionen bestimmen:

If you accept this price, we will...
Wenn Sie diesen Preis akzeptieren, werden wir...

We will agree to 12% on condition that...
Wir akzeptieren einen Nachlass von 12 % unter der Bedingung, dass...

We can't accept that discount unless you include...
Wir können diesen Preisnachlass nicht akzeptieren, es sei denn, sie nehmen ... mit auf.

If this deal is accepted, we will place a repeat order with your company.
Wenn Sie in das Geschäft einwilligen, werden wir Ihrer Firma Folgeaufträge erteilen.

EIN GESCHÄFT ZUM ABSCHLUSS BRINGEN

Closing a deal

Und dann – der Abschluss des Geschäfts:

OK, we'll agree to your conditions and **meet you half way** with an 8% discount. Is it a deal?
Einverstanden, wir akzeptieren Ihre Bedingungen und kommen Ihnen mit einem Nachlass von 8 % entgegen. Abgemacht?

We can guarantee delivery within your schedule, so is that everything?
Wir können die Lieferung gemäß Ihrer Planung garantieren, ist damit alles klar?

We just need your signature here, here, here and... here.
Wir brauchen lediglich Ihre Unterschrift hier, hier, hier und... hier.

Let's shake on it!
Abgemacht!

DRESS UP - sich verkleiden

FANCY - schick

RIGHT NOW - im Moment

SORT OUT - in Ordnung bringen

BOTTOM LINE - Die Preisuntergrenze; *bottom* bedeutet 'unten'.

STICK - bleiben bei, kleben

STALEMATE - Patt, Stillstand, der tote Punkt

BASE LINE - der Ausgangspunkt

MEET YOU HALF WAY - Wir treffen uns auf halbem Weg / kommen uns entgegen.

CHAPTER

19

The abyss

CHAPTER NINETEEN

The abyss

Der 1950er-Abend war ein voller Erfolg. Das Fest ist vorbei; während Ms Peters Kassensturz macht, sitzt Andreas mit einem Journalisten zusammen.
"Meine erste kostenlose Werbung!", denkt er.
Kristen umarmt und küsst ihn. Leidenschaftlich.

"Andreas?!", es ist die Stimme von Ms Peters.
Andreas beschließt, zukünftig Frauen gegenüber ehrlich zu sein.
"I am sorry, Barbara, but I love Kristen."
"To be honest I just wanted to know where the bottle opener was..." , sagt Barbara, "but now I just want to die!" Sie bricht in Tränen aus und verlässt fluchtartig den Raum.

Im selben Augenblick tauchen Mark und Susan mit einer Flasche Champagner auf. "So, what will your article be about?" , fragt Mark den Journalisten.
Der Journalist schaut ihn mit ernster Miene an.
"Ich werde über das schlimmste Ende eines Buches berichten, das jemals geschrieben wurde... nämlich DIESES HIER!"

ALLE verstummen.

"Ist es euch eigentlich klar, dass wir im letzten Kapitel dieses Buches angekommen sind und man überhaupt nichts versteht?!... Das Verhältnis zwischen Susan und Mark? Ms Peters und Andreas, der dann mit Kristen zusammen ist? Das ergibt alles keinen Sinn. Und was passiert jetzt?!"

"I'm having a baby!!!", kreischt Susan.

"Es reicht! Das ist ja peinlich!", sagt der Journalist mit vollem Recht. "Nur weil der Name des Autors John Peter Sloan ist, heißt das noch lange nicht, dass er oberflächliche Charaktere entwerfen und Geschichten ohne jegliche Logik erfinden kann – und von uns dann erwartet, dass wir das schlucken!"

"Warte", sagt Andreas, "nachdem jetzt sowieso alles egal ist, spreche ich Deutsch."

Kristen küsst ihn nochmals. "Hör auf! Du bist lächerlich!", ruft Andreas.

"Nachdem wir nur dazu benutzt wurden, zu erklären, was man für den Job benötigt, ist es John jetzt vollkommen gleichgültig, ob seine Geschichten noch einen Sinn ergeben. Er hat seinen Lesern das beigebracht, was er im Sinn hatte, und uns braucht er nicht mehr."

Susan ist sehr besorgt: "So he just used us." Noch nie war sie so traurig. Dann beschleicht sie ein furchtbarer Gedanke: "So now what? Do we just die? Do we just stop existing?!"

Mark steht auf: "Nein, das ist mir zu surreal... ich gehe."

In Wahrheit bleibt ihm nicht einmal mehr die Zeit zu gehen.

WERKZEUGKASTEN

Toolkit

REF. CHAPTER 1

JOB TITLES

Allgemeine Begriffe

EMPLOYEE - Angestellte(r), Mitarbeiter(in), Arbeitnehmer(in)
EMPLOYER - Arbeitgeber(in)
UNEMPLOYED - arbeitslos
RETIRED / PENSIONER - Pensionär(in), Rentner(in)
SACKED / FIRED - gefeuert

Büroberufe

SECRETARY - Sekretär(in)
PERSONAL ASSISTANT (PA) - Chefsekretär(in), persönliche(r) Assistent(in)
PRESIDENT - Präsident(in)
BOSS - Chef(in)
CHIEF EXECUTIVE OFFICER (CEO) - Geschäftsführer(in)
MANAGER - Leiter(in), Manager(in)
DIRECTOR - Direktor(in), Leiter(in)
MANAGING DIRECTOR - geschäftsführende(r) Direktor(in), Vorsitzende(r) des Vorstandsgremiums
ASSISTANT - Assistent(in)
RECEPTIONIST - Empfangschef, Empfangsdame
SALES MANAGER - Vertriebsleiter(in)
MARKETING MANAGER (MM) - Marketingleiter(in)
HUMAN RESOURCE MANAGER (HRM) - Personalleiter(in)

Berufe im Gaststättengewerbe

BARMAN - Barkeeper
COOK / CHEF - Koch / Köchin
WAITER / WAITRESS - Kellner(in) / Bedienung
DISH WASHER - Tellerwäscher(in)

Künstlerische Berufe

ARTIST - Künstler(in)
ACTOR / ACTRESS - Schauspieler(in)
DIRECTOR - Regisseur(in)
SINGER - Sänger(in)
DANCER - Tänzer(in)
PAINTER - Maler(in)
SCULPTOR - Bildhauer(in)
SET DESIGNER - Bühnenbildner(in)
PHOTOGRAPHER - Fotograf(in)
WRITER - Schriftsteller(in)
GENIUS - Genie

Sonstige Berufe

LAWYER - Rechtsanwalt / Rechtsanwältin
TEACHER - Lehrer(in)
DOCTOR - Arzt / Ärztin
NURSE - Krankenpfleger / Krankenschwester
BUILDER - Bauarbeiter(in)
PLUMBER - Installateur(in)
ELECTRICIAN - Elektriker(in)
CARPENTER - Zimmerer / Zimmerin
SMITH - Schmied(in)
PAINTER - Maler(in)
GARDENER - Gärtner(in)
MECHANIC - Mechaniker(in)
BUTCHER - Metzger(in)
HAIDRESSER - Friseur(in)

TAILOR – Schneider(in)
HOUSEWIFE / HOUSE HUSBAND – Hausfrau / Hausmann
DRIVER – Fahrer(in)
ENGINEER – Ingenieur(in)
ARCHITECT – Architekt(in)
SURVEYOR – Landvermesser(in)
ACCOUNTANT – (Bilanz)Buchhalter(in)
BOOK KEEPER – Buchhalter(in)

REF. CHAPTER 9

SMS AND EMAIL ABBREVIATIONS

ASAP – As Soon As Possible
BBS – Be Back Soon
BFN / B4N – Bye For Now
BRB – Be Right Back
BTW – By The Way
CU – See You
FC – Fingers Crossed
GR8 – Great
G9 – Genius
IC – I See
IMHO – In My Honest / Humble Opinion
IMO – In My Opinion
IOW – In Other Words
LOL – Laughing Out Loud
L8R – Later
M8 – Mate
ROFL – Rolling On The Floor Laughing
THX – Thank You / Thanks
U2 – You Too
U4E – Yours For Ever
WTF – What The F...
W8 – Wait...

TOOLKIT

REF. CHAPTER 10

THE INTERNATIONAL PHONETIC ALPHABET

A	Alpha	N	November
B	Bravo	O	Oscar
C	Charlie	P	Papa
D	Delta	Q	Quebec
E	Echo	R	Romeo
F	Foxtrot	S	Sierra
G	Golf	T	Tango
H	Hotel	U	Uniform
I	India	V	Victor
J	Juliet	W	Whisky
K	Kilo	X	X-ray
L	Lima	Y	Yankee
M	Mike	Z	Zulu

REF. CHAPTER 13

MONEY

CURRENCIES - Währungen
EUROS - Euro €
CENTS - Cent
DOLLARS - Dollar $
PENCE - Pence
POUNDS - Pfund £
BANKNOTES / NOTES - Banknoten, Geldscheine
CASH - Bargeld
CHANGE - Münzgeld, Wechselgeld
COINS - Münzen

Banking

BANK ACCOUNT - Bankkonto
BANK MANAGER - Bankdirektor
BANK STATEMENT - Bankauszug, Kontoauszug
CASH POINT / ATM (Automated Teller Machine) - Geldautomat
CHEQUE (UK) / CHECK (US) - Scheck
CREDIT CARD - Kreditkarte
DEBIT CARD - Bankkarte, Debit-Karte
DEPOSIT - Einzahlung
DIRECT DEBIT - Einzugsverfahren
LOAN - Darlehen
MONEY TRANSFER - Überweisung
OVERDRAFT - Kontoüberziehung
PIN NUMBER - Pin-Nummer
SAVINGS - Ersparnisse
SWIFT CODE - SWIFT-Code
TELLER / BANK CLERK - Kassierer / Bankangestellter
WITHDRAW / TO TAKE OUT (MONEY) - (Geld) abheben

Various

BANKRUPT - bankrott
BUDGET - Budget, Haushalt
INCOME - Einkommen, Einnahmen, Einkünfte
INTEREST / INTEREST RATE - Zinsen / Zinssatz
INVESTMENT / TO INVEST - Investition / investieren
MORTGAGE - Darlehen
SHARES - Aktien, Anteile
TURNOVER - Umsatz, Absatz

REF. CHAPTER 15

EVERYDAY EXHIBITION TERMS

PAVILLON / EXHIBIT HALL - Messehalle
STAND - Stand
HOSTESS / STEWARD - Hostess / Standbetreuer
AISLE / GANGWAY - Gang
EXHIBITOR - Aussteller
VISITOR - Besucher
FIRE EXIT - Notausgang
BANNER - Banner
SIGN / HEADER - Schild (mit dem Namen des Ausstellers)
GRAPHIC - Grafik
BUSINESS CARD - Visitenkarte
BROCHURE - Prospekt
BOOTH - Messestand
DECORATOR - Dekorateur(in)
SET UP / INSTALLATION - Aufbau
DISMANTLE/TAKE-DOWN - Abbau
EASEL - Verkaufsständer
EVENT MARKETING - Eventmarketing (Direktwerbeaktion zwischen Aussteller und Kunden)

EXPOSITION RULES - Messeordnung
WASTE - Müll
VISQUEEN - Schutzfilm für den Teppichboden während des Aufbaus
FLOOR PLAN - Hallenplan
FORKLIFT - Gabelstapler
SHIPPING - Versand
SPOTLIGHT - Scheinwerfer
HIRE - Verleih
INVENTORY - Inventar
RISER - Lastenaufzug
PALLET / SKID - Palette
PEG BOARD - Stecktafel
JUNCTION BOX - Verteilerkasten
AUDIO/VISUAL SUPPORT - audio-visuelle Verkaufshilfe
LIGHTING - Beleuchtung
VOLTAGE - (elektrische) Spannung
DESK - Theke

REF. CHAPTER 17

CLASSIFIED ADVERT ABBREVIATIONS

AVAIL: AVAILABLE - verfügbar
BR: TRAIN STATION (British Rail) - Bahnhof
CH: CENTRAL HEATING - Zentralheizung
D/G: DOUBLE GLAZED - mit Doppelverglasung
DEP: DEPOSIT REQUIRED - Kaution erforderlich
EXCL: EXCLUDING HEATING / HOT WATER BILLS - Nebenkosten (wie Heizung oder Warmwasser) nicht eingeschlossen
F: FEMALE - weiblich
F/F: FULLY FURNISHED - voll möbliert
M: MALE - männlich
N/S: NON-SMOKER - Nichtraucher

O/L: OVERLOOKS – mit Aussicht
OSP: OFF STREET PARKING – Parkplatz nicht an der Straße
PW: PER WEEK – pro Woche
PCM: PER CALENDAR MONTH – pro Kalendermonat
PKG: PARKING – Parkplatz
PP: PER PERSON – pro Person
SHW: SHOWER – Dusche
TUBE: UNDERGROUND TRAIN (London) – U-Bahn
VGC: VERY GOOD CONDITION – sehr guter Zustand
W/D: WASHER-DRYER – Wäschetrockner
WM: WASHING MACHINE – Waschmaschine

The final exam

ABSCHLUSSTEST

The final exam

Jetzt, da du am Ende dieses Buches angelangt bist, habe ich noch sechs Übungen für dich. Mit diesen Übungen kannst du überprüfen, was du gelernt hast, und ob du fit bist für die Welt des Business English.
Nach jedem Test kannst du die erreichte Punktzahl in die Tabelle hier eintragen. Für jede richtige Antwort gibt es einen Punkt (in den Übungen 4 und 5 erhältst du die angebene Punktzahl, wenn du die gesamte Übung geschafft hast und 0 Punkte, wenn du sie nicht zu Ende bringst). Zähle deine Punkte zusammen und schau dir das Ergebnis an. Auf den Seiten, die dem Test folgen, findest du drei Zertifikate; wähle aufgrund deiner Gesamtpunktzahl das für dich zutreffende aus. Du kannst jetzt dein Business-English-Zertifikat ausschneiden und einrahmen und vielleicht an deinem Arbeitsplatz aufhängen. Viel Erfolg!

Test	Type / Subject	Points
1	Match / Telephone calls	.... / 10
2	Multiple choice / Writing emails	.... / 8
3	Translation / Socialising	.... / 8
4	Wordsearch puzzle / Glossary	.... / 3
5	Business crossword / Glossary	.... / 5
6	Fill in the gaps / Conference calls	.... / 8
	TOTAL	**.......... / 42**

0-14 = Third Class / 15-28 = Second Class / 29-42 = First Class

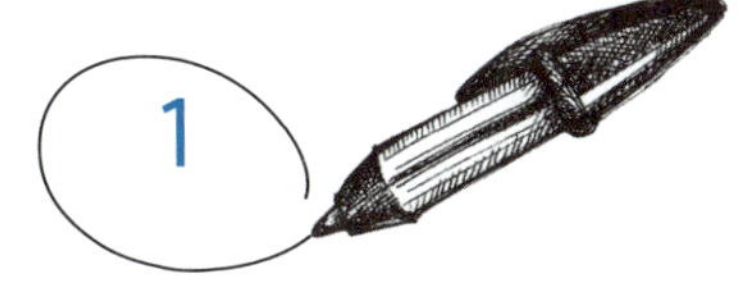

1

Verbinde bitte die Sätze aus der linken Spalte mit denen aus der rechten, und ergänze sie zu sinnvollen Dialogen. Wenn du fertig bist, kannst du deine Ergebnisse mit den Lösungen am Ende des Buches vergleichen und deine Punktzahl eintragen.

1 Would you like her to call you back?
2 Could you spell that, please?
3 Who is speaking, please?
4 Could you put me through to Mark, please?
5 Is that 039 244 55 65?
6 Would you take a message?
7 Could you repeat your name, please?
8 Marketing. How can I help you?
9 Can I speak to Mr. Collins, please?
10 I'm afraid the line is engaged.

A Yes, of course. It's T-H-A-T!
B Hold the line... I'm putting you through now.
C Yes, certainly. Go ahead...
D No, I'm afraid you've got the wrong number.
E This is Mark Wolf.
F I'd like to speak to Mark Wolf, please.
G Yes, it's Joan Collins.
H Ok, I'll call back later.
I I'm afraid he's in a meeting.
J That would be great!

TOTAL .... / 10

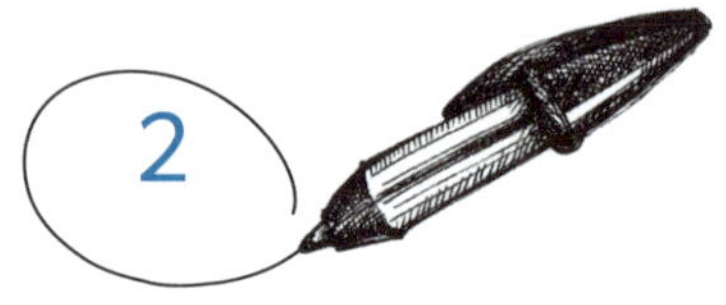

Wähle bitte unter den Vorschlägen die richtige Antwort aus. Wenn du fertig bist, kannst du dein Ergebnis mit der Lösung am Ende des Buches vergleichen und deine Punktzahl eintragen.

1. When you write an e-mail, never forget to:

A Choose the font colour according to the colour of your clothes.
B Check your e-mail carefully before you send it.
C Stick a stamp on the upper right hand corner of the screen.

2. If you don't know the name of the person who will read your e-mail:

A In the first line write "To whom it may concern".
B In the first line write "To Mr. Smith".
C In the first line write "Dear Unknown".

3. In the "signing off" of your e-mail:

A Never give personal information such as your e-mail address or phone number because of privacy regulations.
B Always include all the information necessary to the recipient, so you can be contacted again.
C If you don't know the recipient in person, write a fake e-mail address.

4. If you have to give bad news by email:

A Write the bad news concisely in the subject line and leave the body of the e-mail blank.
B Do your best to apologize with every possible detail and excuse imaginable, explain what happened many times, and as you write try to feel very very sorry (if possible, cry while typing).
C Use the "sandwich" method: positive opening, bad news, positive conclusion.

5. You're closing a formal business e-mail; how do you sign off?

A Better Regards.

B Worst Regards.

C Best Regards.

6. If you have many things to say in an e-mail:

A Attach a ZIP folder containing a lot of text documents in which you expand eternally upon the subject.

B Forget the e-mail, pick up the phone and call a friend instead!

C Sum up the contents in a bulleted list.

7. What should you write in the subject line?

A Important details, such as dates, places or reference numbers.

B Repeat the recipient's e-mail address.

C Nothing.

8. Important things to keep in mind when writing a good e-mail in English are:

A What you're going to have for dinner and paying the gas bill.

B Clarity, brevity, directness, openness.

C Boredom, stupidity, lack of accuracy.

TOTAL .... / 8

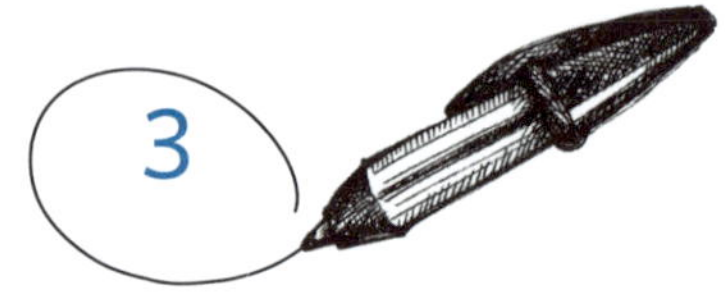

Übersetze die folgenden Sätze bitte aus dem Deutschen ins Englische. Wenn du fertig bist, kannst du dein Ergebnis mit der Lösung am Ende des Buches vergleichen und deine Punktzahl eintragen.

1 Entschuldigung, macht es euch etwas aus, wenn ich mich hier hinsetze?

....

2 Das ist das erste Mal, dass ich in Manchester bin.

....

3 Eine Tasse Kaffee? Nein, danke.

....

4 Was machst du gerne in deiner Freizeit?

....

5 Sind Sie Herr Wolf?

....

6 Es war schön, dich zu treffen. Bleiben wir in Verbindung!

....

7 Gib mir Bescheid, wenn du nach Stuttgart kommst.

....

8 Einen guten Tag!

....

TOTAL .... / 8

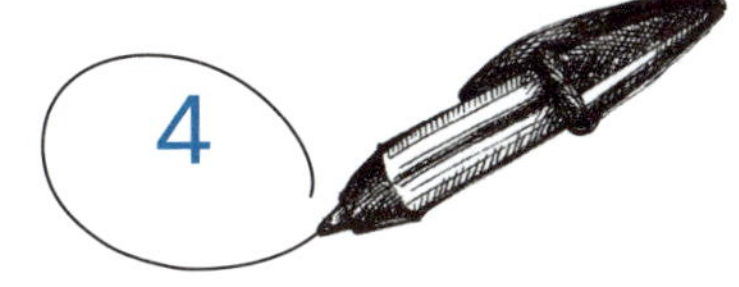

Die unten aufgeführten Wörter sind im nachstehenden Schema versteckt. Finde sie und streiche sie aus. Suche dabei in allen Richtungen. (10, 3)

D	S	U	B	J	E	C	T	D	I	A
C	Y	D	E	T	A	V	I	T	O	M
G	R	N	T	H	Y	L	P	P	A	B
O	E	U	A	L	C	A	S	N	A	S
L	S	O	I	M	S	T	P	R	K	E
D	E	R	D	O	I	O	I	I	X	D
M	R	A	E	V	W	C	L	P	E	R
I	V	N	M	E	I	L	E	L	R	O
N	A	R	R	R	S	C	A	A	F	L
E	T	U	E	V	T	M	N	I	E	D
S	I	T	T	I	N	G	D	O	W	N
D	O	A	N	E	E	R	G	E	D	A
D	N	G	I	W	S	T	I	P	S	L

AID – APPLY – BAR – DEGREE – DYNAMIC – EXPECTING – GOLDMINE
INTERMEDIATE – LANDLORD – MALE – MANPOWER – MOTIVATED
OVERVIEW – PITCH – RANGE – RESERVATION – SITTING DOWN
SKILLS – SUBJECT – TIPS – TURN AROUND

Solution ....

TOTAL .... / 3

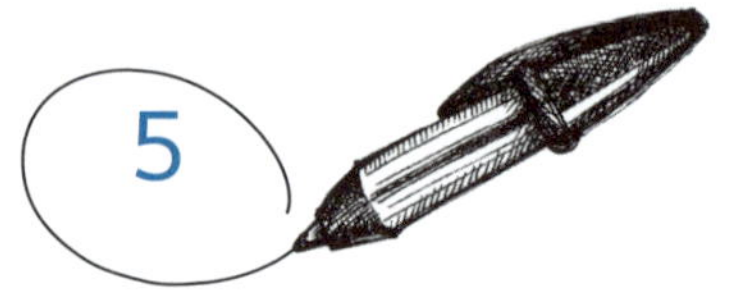

Vervollständige dieses crossword mit den englischen Übersetzungen der angegebenen Wörter und Definitionen. Wenn du fertig bist, kannst du dein Ergebnis mit der Lösung am Ende des Buches vergleichen und deine Gesamtpunktzahl ausrechnen.

ACROSS

3 Darlehen
6 Abkommen, Geschäft
7 eingestellt
8 Vorsitzender, Moderator
11 Bedingung, Klausel
12 Reservierung (UK)
13 teilnehmen (ohne aktiv beteiligt zu sein)
14 Immobilien- oder Grundstücksbesitz

DOWN

1 Tagesordnung
2 Stillstand, toter Punkt
4 Arbeitgeber
5 Führerschein (2 Wörter)
8 Scheckbuch (USA)
9 sich etwas leisten können
10 Protokoll
12 Bestellung einer großen Warenmenge

TOTAL .... / 5

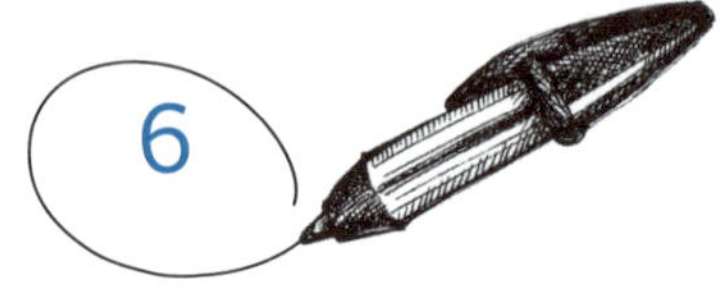

Vervollständige bitte diese Sätze. Wähle unter den unten stehenden Wörtern das jeweils passende aus (nicht alle Wörter werden gebraucht). Wenn du fertig bist, kannst du deine Ergebnisse kontrollieren und für jeden richtigen Satz einen Punkt eintragen.

HEAR – MINIMUM – AGENDA – OFF TOPIC – DOCUMENTATION
NOBODY – OUTSIDE – ANYTHING – MAXIMUM – ANYONE
QUESTIONS – DIARY – EVERYONE – LISTEN TO – 3

1 You will find the graphics on page ....

2 Does anyone have .... more to say on...?

3 Let's not go .... or we'll be here all day.

4 Keep participant numbers to a ....

5 I would like to ask you all to keep your .... relevant and concise.

6 I must insist that we adhere to the call ....

7 OK, ... is online. Thank you for your punctuality.

8 Can you all .... me clearly?

TOTAL .... / 8

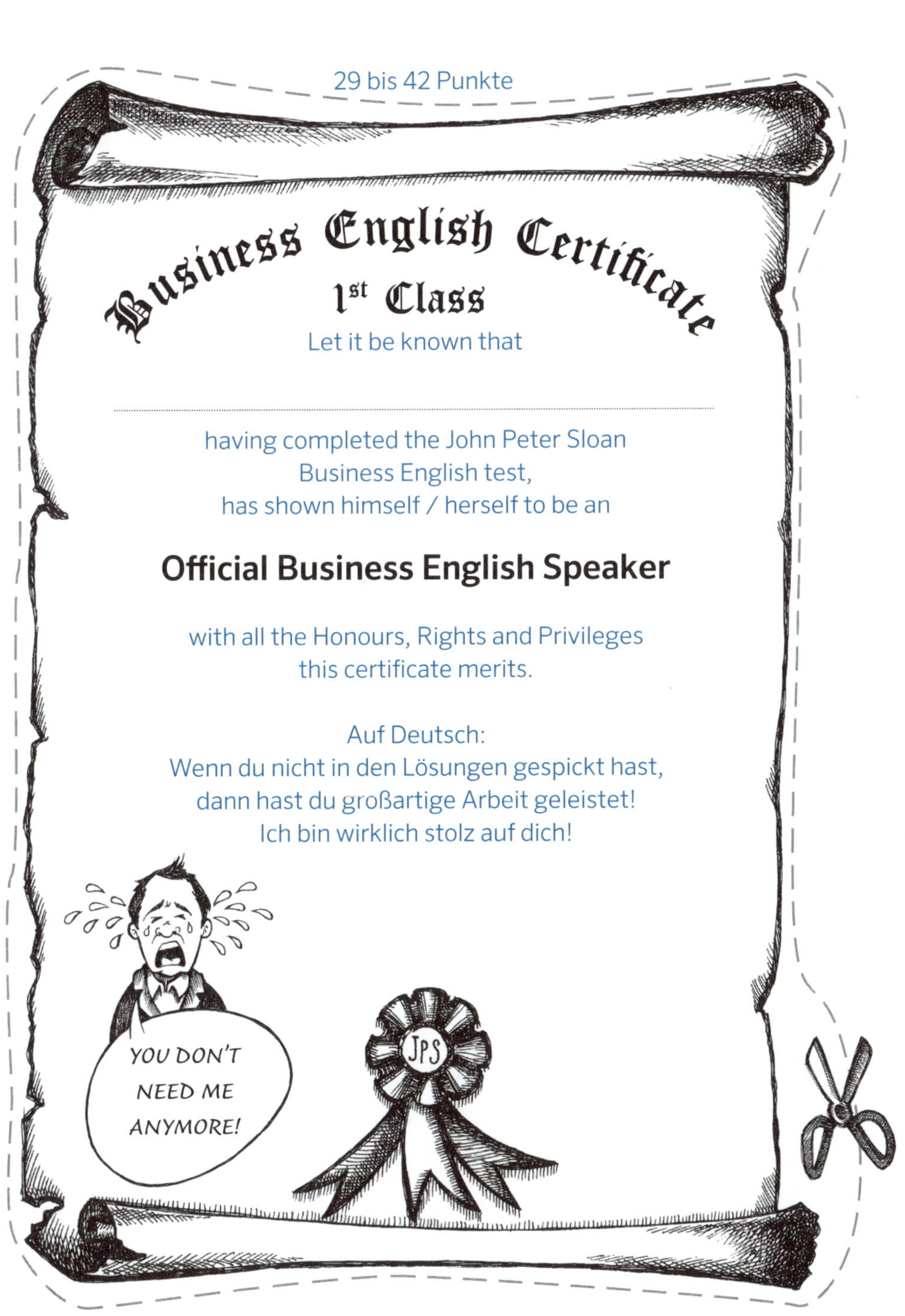

29 bis 42 Punkte

Business English Certificate

1st Class

Let it be known that

....

having completed the John Peter Sloan
Business English test,
has shown himself / herself to be an

Official Business English Speaker

with all the Honours, Rights and Privileges
this certificate merits.

Auf Deutsch:
Wenn du nicht in den Lösungen gespickt hast,
dann hast du großartige Arbeit geleistet!
Ich bin wirklich stolz auf dich!

YOU DON'T NEED ME ANYMORE!
JPS

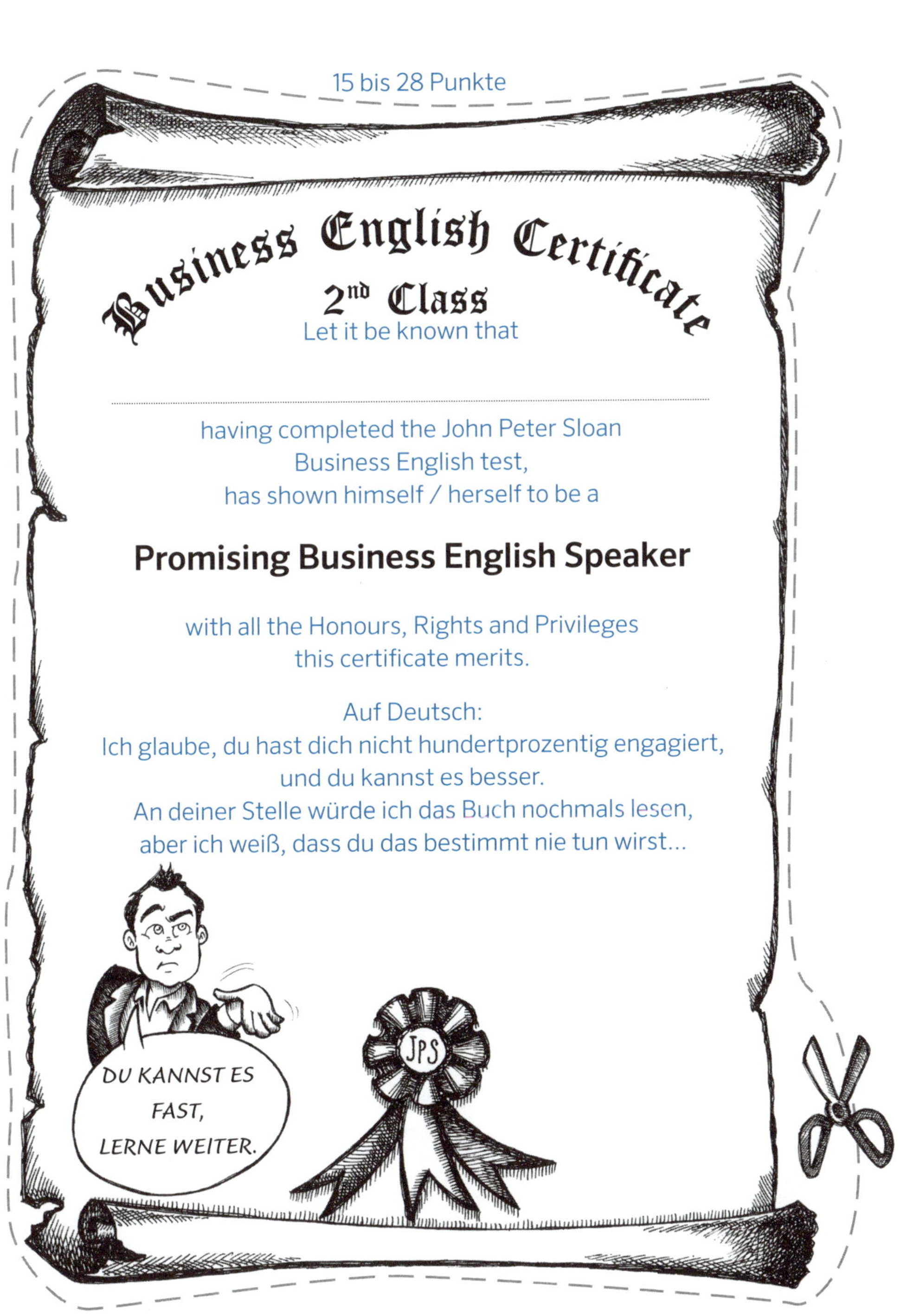
15 bis 28 Punkte
Business English Certificate
2nd Class
Let it be known that
having completed the John Peter Sloan
Business English test,
has shown himself / herself to be a
Promising Business English Speaker
with all the Honours, Rights and Privileges
this certificate merits.
Auf Deutsch:
Ich glaube, du hast dich nicht hundertprozentig engagiert,
und du kannst es besser.
An deiner Stelle würde ich das Buch nochmals lesen,
aber ich weiß, dass du das bestimmt nie tun wirst...
DU KANNST ES FAST, LERNE WEITER.
JPS

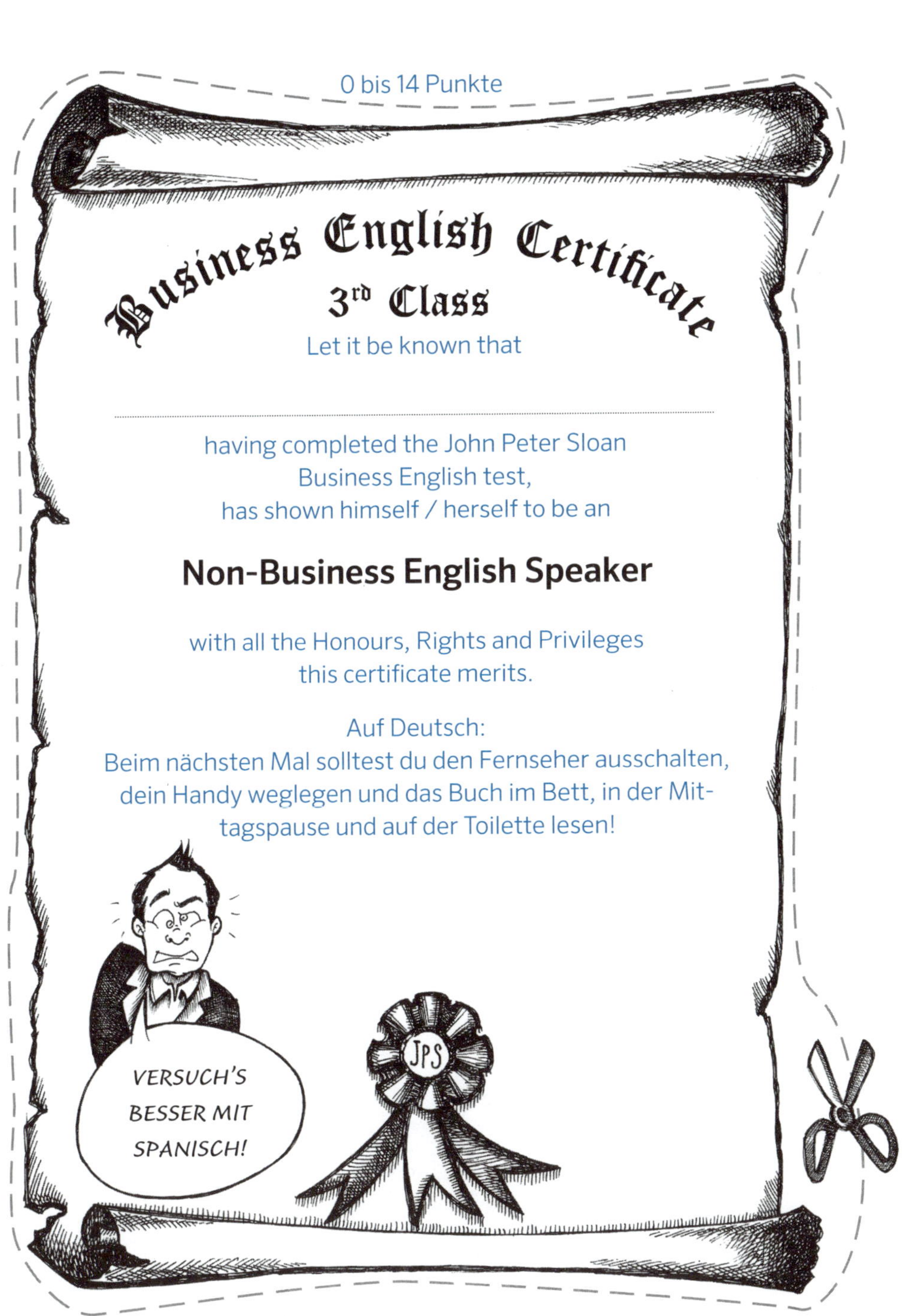

0 bis 14 Punkte

Business English Certificate
3rd Class

Let it be known that

....

having completed the John Peter Sloan
Business English test,
has shown himself / herself to be an

Non-Business English Speaker

with all the Honours, Rights and Privileges
this certificate merits.

Auf Deutsch:
Beim nächsten Mal solltest du den Fernseher ausschalten, dein Handy weglegen und das Buch im Bett, in der Mittagspause und auf der Toilette lesen!

Solutions

EXERCISE PAGE 22

1 Hello, this is James Martin, Marketing Manager.
2 Hello, this is Jane Smyth, CEO at Cosmo Cars Inc.
3 Good morning, I'm Daniel O'Brien, a photographer from Ireland.
4 Hello, I'm Alice Cook, a journalist at the "New York Times".
5 Good morning, I'm Denise Chapman, Marketing Manager at General Insurance Services.

EXERCISE PAGE 63

1 A Because this company is the leader in its sector and I want to work with the best.
2 B It was a nice experience. I was employed on a temporary basis, so when the
project was complete I left the company. I'm still in contact with my ex colleagues and boss because the team was very strong. Now I would like to widen my experience.
3 C I work well in a team and have good interpersonal skills; my weakness is that I sometimes take on too much when I should ask others for help.
4 A I'd like to widen my experience in this field and face new challenges.
5 C Personal success is important, but I'm mostly interested in the company's success because it's nice to work in a productive and successful environment.
6 C Travelling on business trips is an option I'm willing to evaluate. In the past I've always been ready to travel when asked.
7 B I'm ready and available to start immediately.

EXERCISE PAGE 86

1 C Study the company handbook and regulations carefully.
2 A Greet them with a smile and a firm handshake.
3 C "I'm married with a baby girl... and what about you? Do you have a family?"
4 A Kindly ask a colleague for directions and try to remember what he/she tells
you. If you have a bad memory, just take a note.
5 C Accept your colleagues' invitations to lunch or to the pub after work with a smile.

6 C Ask them politely to repeat the phrase.
7 B Use your mobile only for business calls and only if necessary.

EXERCISE PAGE 99

1 We hope you enjoy your stay!
2 Yes, there is a restaurant and a buffet in the bar area.
3 Do you have any luggage, sir?
4 Could I have a wake up call at 7 o'clock, please?

EXERCISE PAGE 140

1. **JOB REQUEST** – Suggested solution

Subject: Re: Application for chef vacancy

Dear Alexander Weigold

Thank you for your application to the post of head chef at Sloane Square Hotel. We find your career and experience very interesting and would like to meet you to discuss your application.

Please ring us at the number below so we can arrange a meeting as soon as possible.

Best regards

Andreas Wolf
Sloane Square Hotel
Website: www.sloanesquarehotel.co.uk
E-mail: bookings@sloanesquarehotel.co.uk
Telephone: +44 (0) 1 349 24981

2. **BOOKING** – Suggested solution

Subject: Re: Reservation request – Mr. Mills – Jan 10-14

Dear Mr. Mills,

I can confirm that the price of a double room is £80 per night, including breakfast. On the dates you requested, January 10th to 14th, we have several double rooms available. You can choose either a twin or double bed room.

The hotel offers traditional English cuisine in its restaurant from 17.30 to 21.00 every night of the week. There is also a bar where buffets are served at midday.

You can book your room by e-mail, telephone or online. We look forward to hearing from you in the near future.
Best regards,
Andreas Wolf
Sloane Square Hotel
Website: www.sloanesquarehotel.co.uk
E-mail: bookings@sloanesquarehotel.co.uk
Telephone: +44 (0) 1 349 24981

EXERCISE PAGE 160

PHONE CALL 1

Secretary:	Hello, Marketing. How can I help you?
Caller:	Could I speak to Robert Jones please?
Secretary:	Certainly. Who shall I say is calling?
Caller:	This is Andrew Jones.
Secretary:	Just a second, Mr. Jones. *[zu Robert]* Hello, Robert, I've got your brother on the phone for you... OK, I'll put him through. *[zu Mr. Jones]* I'm putting you through, Mr. Jones...

Sekretärin	*Marketingabteilung, hallo. Wie kann ich Ihnen helfen?*
Anrufer	*Könnte ich bitte mit Robert Jones sprechen?*
Sekretärin	*Selbstverständlich. Wen darf ich ankündigen?*
Anrufer	*Hier spricht Andrew Jones.*
Sekretärin	*Einen Moment bitte, Mr. Jones.* *Hallo, Robert, ich habe deinen Bruder für dich am Telefon... Okay, ich stelle ihn durch.* *Ich stelle Sie durch, Mr. Jones...*

PHONE CALL 2

Secretary:	Hello, Marketing, can I help you?
Caller:	Hello. I'd like to speak to Richard Birds, please.
Secretary:	Yes, Richard Birds does work here at Rispa International but you need a different extension... his direct number is 324 55556-544.
Caller:	Didn't I dial that?
Secretary:	No, this is 55556-555.
Caller:	Oh, I'm so sorry.

Sekretärin	*Marketingabteilung, hallo. Kann ich Ihnen helfen?*
Anrufer	*Hallo, ich möchte bitte mit Richard Birds sprechen.*
Sekretärin	*Ja, Richard Birds arbeitet hier bei Rispa International, aber Sie brauchen eine andere Durchwahl... Seine Durchwahl ist die 324 55556-544.*
Anrufer	*Habe ich diese Nummer nicht gewählt?*
Sekretärin	*Nein, das hier ist die 55556-555.*
Anrufer	*Oh, das tut mir leid.*

EXERCISE PAGE 194

1 Mary, this is Simon.
G Pleased to meet you, Simon!

2 Are you enjoying the conference?
E Yes, it's been very interesting.

3 What's the weather like in your country?
J I think it is raining today.

4 Could you pass me the salt, please?
A Here you are.

5 What business are you in?
B I'm in pharmaceuticals.

SOLUTIONS

6 Is this your first time in England?
C No. I first came here three years ago.

7 You are Joan Simmons, aren't you?
D That's right. I am.

8 Would you like another cup of tea?
I Yes, please.

9 Have a good trip!
F Thank you. See you soon.

10 Can I give you my business card?
H Sure. Here is mine.

EXERCISE PAGE 246
1 False
2 True
3 False
4 True
5 False
6 True
7 False
8 True
9 False
10 True

THE FINAL EXAM

TEST 1

1 Would you like her to call you back?
J That would be great!

2 Could you spell that, please?
A Yes, of course. It's T-H-A-T!

3 Who is speaking, please?
E This is Mark Wolf.

4 Could you put me through to Mark, please?
B Hold the line... I'm putting you through now.

5 Is that 039 244 55 65?
D No, I'm afraid you've got the wrong number.

6 Would you take a message?
C Yes, certainly. Go ahead...

7 Could you repeat your name, please?
G Yes, it's Joan Collins.

8 Marketing. How can I help you?
F I'd like to speak to Mark Wolf, please.

9 Can I speak to Mr. Collins, please?
I I'm afraid he's in a meeting.

10 I'm afraid the line is engaged.
H Ok, I'll call back later.

TEST 2

1 B Check your e-mail carefully before you send it.
2 A In the first line write: “To whom it may concern”.
3 B Always include all the information necessary to the recipient, so you can be contacted again.
4 C Use the “sandwich” method: positive opening, bad news, positive conclusion.
5 C Best Regards.
6 C Sum up the contents in a bulleted list.
7 A Important details, such as dates, places or reference numbers.
8 B Clarity, brevity, directness, openness.

TEST 3

1 Excuse me, do you mind if I sit here?
2 This is my first time in Manchester.
3 A cup of coffee? No, thank you.
4 What do you like doing in your free time?
5 Are you Mr. Wolf?
6 It was nice to meet you. Let’s keep in touch!
7 Let me know when you’re coming to Stuttgart.
8 Have a nice day!

SOLUTIONS

TEST 4

Solution: CLASSIFIED ADS

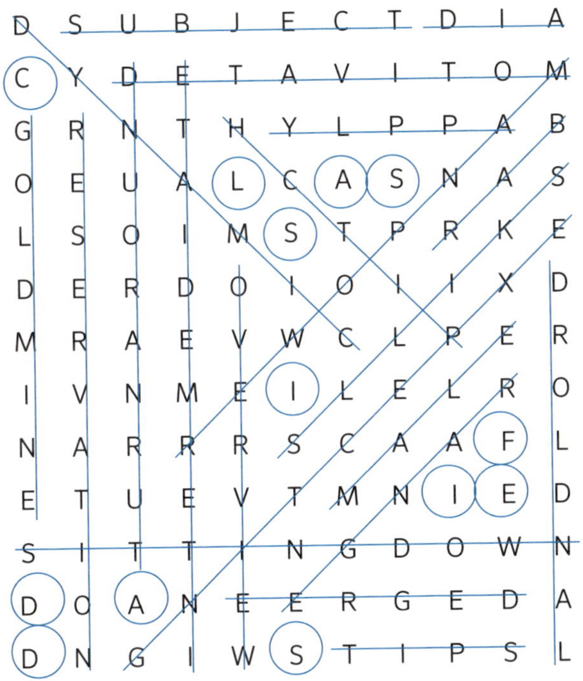

TEST 5

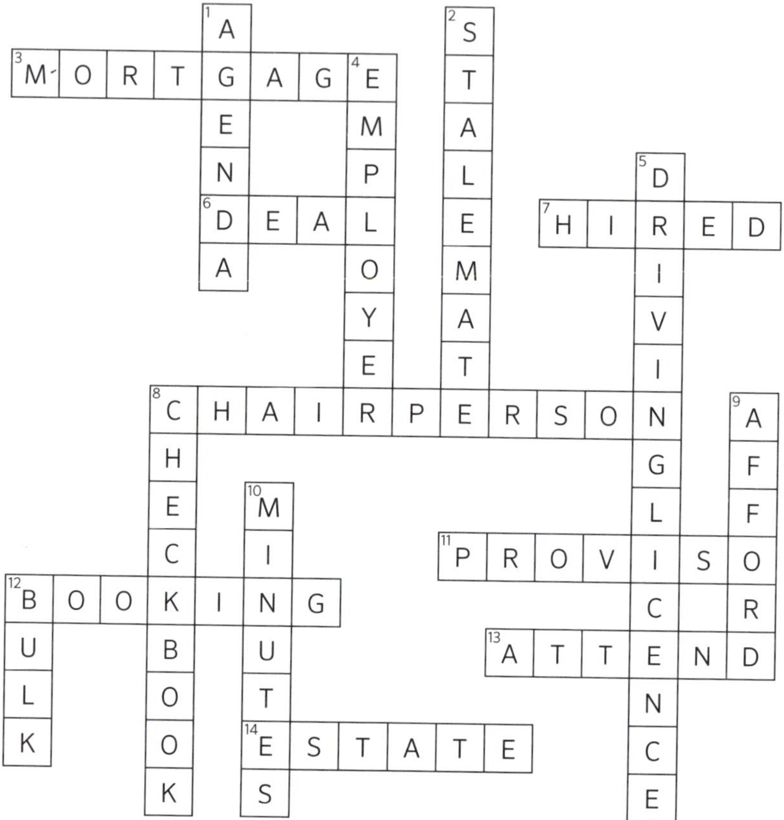

TEST 6

1 You will find the graphics on page **3**.
2 Does anyone have **anything** more to say on…?
3 Let's not go **off topic** or we'll be here all day.
4 Keep participant numbers to a **minimum**.
5 I would like to ask you all to keep your **questions** relevant and concise.
6 I must insist that we adhere to the call **agenda**.
7 OK, **everyone** is online. Thank you for your punctuality.
8 Can you all **hear** me clearly?

NOTIZEN